Inhaltsverzeichnis

Übersichtskarte Seite 3
Touristik-Informationen von A–Z Seite 96
Kartenlegende Seite 97
Register und Impressum Seite 98
Anzeigen ab Seite 99

Wo die Märchenschlösser stehen

Füssen / Schwangau, Hohenschwangau und Neuschwanstein / Hopferau / Halblech / Marktoberdorf / Lechbruck / Seeg / Roßhaupten
Seite 6–15

Zu Wasserkuren ins Allgäuer Hügelland

Mindelheim / Kirchheim / Bad Wörishofen / Türkheim / Kaufbeuren und Neugablonz / Irsee / Obergünzburg / Buchloe
Seite 16–27

Die ›grüne Stille‹ des Illerwinkels

Memmingen / Buxheim / Ottobeuren / Kronburg und Illerbeuren / Legau und Maria Steinbach / Altusried / Grönenbach
Seite 28–39

Am Fuß der großen Berge

Pfronten mit Berg, Kappel, Falkenstein und Steinach / Nesselwang / Wertach / Sulzberg / Oy-Mittelberg / Jungholz

Seite 40–49

Kempten, die ländliche Metropole

Kempten / Weitnau und Wengen / Wiggensbach / Waltenhofen und Niedersonthofen / Buchenberg

Seite 50–59

Sanftes Braunvieh, sanfter Tourismus

Immenstadt und Bühl / Oberstaufen, Thalkirchdorf und Knechtenhofen / Blaichach und Gunzesried / Hindelang und Bad Oberdorf / Sonthofen
Seite 60–69

Ganz im Süden Deutschlands

Oberstdorf / Fischen und Obermaiselstein / Bolsterland / Balderschwang / Kleinwalsertal: Mittelberg, Riezlern und Hirschegg
Seite 70–79

Das Allgäu der Württemberger

Wangen / Wolfegg / Kißlegg / Leutkirch und Zeil / Isny und Großholzleute / Argenbühl und Eglofs

Seite 80–87

Bayerns Ecke am Bodensee

Lindau / Weiler-Simmerberg / Lindenberg / Röthenbach und Grünenbach / Oberreute / Scheidegg / Heimenkirch

Seite 88–95

Allgäu – welche Vorstellungen verbinden sich mit diesem Wort? Vor allem wohl dies: sattgrüne Viehweiden, Klang von Kuhglocken und Alphörnern, urwüchsige Berghirten auf gastfreundlichen Almen, die hier ›Alpen‹ heißen, riesige Mengen Milch, aus denen man meist Käse macht, die Berge der Allgäuer Alpen mit luftigen Klettersteigen über schroffe Gipfel und Grate, in den Tälern und im Land vor dem Gebirge viele bekannte Ferien-, Luft- oder gar Kneippkurorte.

Dies ist in der Tat alles im Allgäu vorhanden. Dazu aber noch weit mehr. Da sind die Städte am und vor dem Gebirge, alte Reichsstädte wie Memmingen und Kaufbeuren, die ›geistliche Stadt‹ Füssen und sogar eine Mischung aus beidem: Kempten, das sich rühmen kann, schon kurz nach der Zeitenwende im geografischen Werk des aus Kleinasien stammenden Griechen Strabo aufgeführt gewesen zu sein.

Viele Besucher meinen, sie hätten es im Allgäu mit einem rein bayerischen Landstrich zu tun. Dem ist aber nicht so. Der größte Teil dieses beliebten Urlaubsgebietes zwischen Lech und Bodensee liegt zwar in Bayern, doch ein kleiner Teil um die schönen, alten Städte Wangen und Isny gehört zu Baden-Württemberg. Und das Kleinwalsertal ist gut österreichisch, nur von Zoll und Wirtschaft her ist es Deutschland angeschlossen, ebenso wie das Bergdorf Jungholz.

Für den Tourismus hat man in den letzten Jahren im Allgäu viel getan – und mitunter viel geopfert. Zu viel, wie man da und dort erkannt hat und nun – zum Beispiel in Hindelang und im Kleinwalsertal – den ›sanften Tourismus‹ ausprobiert, der nicht Betriebsamkeit bieten, sondern echte Liebe zur Natur wecken will. Vielleicht gibt es da bald viel Nachahmung.

Foto: Blechbläser sind auch von der Gunzesrieder ›Bergkirbe‹ nicht wegzudenken.

Wo die M

Gleich, nachdem der Lech das Gebirge hinter sich gelassen hat, taucht die Stadt Füssen auf, Mittelpunkt eines vielbesuchten Gebietes. In nächster Nähe laden natürliche und künstliche Seen zum Wassersport ein. Leicht läßt sich vom Tegelberg die prachtvolle Aussicht genießen – hinauf führt eine Seilbahn. Höhepunkt ist aber für viele Besucher Schloß Neuschwanstein, die in aller Welt berühmte romantische ›Ritterburg‹ des ›Märchenkönigs‹ Ludwig II. Und schon ein wenig abseits des großen Rummels findet man schöne stille Wege in Bayerns größtem Naturschutzgebiet, dem Ammergebirge.

Foto: Blick vom Tegelberg auf Füssen und (links) ins schon österreichische Lechtal.

irchenschlösser stehen

△ Blick vom Tegelberg auf Füssen

Von Italien beeinflußt: barockes Inneres von St. Mang ▽

Geigenbauerwerkstatt im Museum der Stadt Füssen: ein altes Gewerbe ▽

Bauerntheater – auch in Füssen gehört es zum Kulturangebot ▽

△ St. Mang behielt seinen mittelalterlichen Kirchturm, hinter dem das vielgestaltige Hohe Schloß aufragt

△ Schöne Fassaden säumen immer noch Füssens Reichenstraße   Fronleichnamsprozession, natürlich in Tracht ▽

Es begann mit einer Einsiedlerzelle am Lech

Als noch wilder Geselle kommt der Lech bei Füssen aus Tirol und dem Gebirge. Im Angesicht der Stadt wird er aber sofort zahm. Eine erste von vielen späteren Staustufen nimmt ihm seine Kraft und macht ihn so glatt, daß er der schönen Postkartenansicht von Füssen als Spiegel dienen kann. Das erste Füssen war eine römische Straßenstation an der Via Claudia Augusta, die Norditalien mit der ›Weltstadt‹ Augusta Vindelicorum, dem heutigen Augsburg, und der Donau verband. Als eigentlicher Gründer Füssens gilt allerdings der heilige Magnus, aus dessen Zelle eine Benediktinerabtei wuchs.

Im 12. Jahrhundert war das Römische Reich längst Geschichte, die Via Claudia gab es aber immer noch. Die Karren der Fernkaufleute hatten die Legionärsstiefel ersetzt, und die Klostersiedlung am Lech begann zu merken, wie schön man am Italienhandel verdienen kann. Auch diese Zeiten sind seit langem Vergangenheit, und die wenigsten, jetzt das Geld bringenden Besucher wissen, welchen Spuren sie auf der – nunmehr – Tiroler Straße und der Reichenstraße folgen, die mit ihrem Namen an die Blüte der Kaufmannszeit erinnert.

Ein vieldeutiges Wappen

Füssen hat ein ›sprechendes Wappen‹: drei Füße. Manch einer möchte dieses Wappen auf die vielen Möglichkeiten zurückführen, die für Spaziergänger und Wanderer gegeben sind. Vorbei an den buntbemalten Häusern der Altstadt führen Wege zum Hohen Schloß der einstigen Fürstbischöfe von Augsburg, die in dieser schönen Gegend eine Sommerresidenz haben wollten. Vorüber geht es am prachtvollen Barock der Stifts- und Pfarrkirche St. Mang, wo man allerdings auch das Gruseln lernen kann, wenn man in der St.-Anna-Kapelle den berühmten Totentanz anschaut. Geradezu gesellschafts-

△ ›Byzantinische‹ Goldpracht im Thronsaal von Schloß Neuschwanstein

△ St. Coloman bei Schwangau, im Oktober Ziel einer Wallfahrt fürs Vieh

△ Märchenschloß: Neuschwanstein　　　　Vom Tegelberg: Hohenschwangau vor Alp- und Schwansee ▽

△ Steingewordener Prinzentraum: Schloß Hohenschwangau war königliche Sommerresidenz

△ Eisstockschützen am Alpsee in Hohenschwangau   Hopfen am Hopfensee ▽

kritisch mutet die Bilderfolge Jakob Hiebelers im schummrigen Licht des alten Gewölbes an. ›Sag ja sag nein, getanzt muess sein‹, und damit nimmt der Tod alle mit sich, Prälat, Kaufmann, Dame, Kind und auch Hexe, ohne Ansehen des Standes – eine eindringlich gemalte Mahnung an die Vergänglichkeit der Welt.

Graslburg überm Alpsee
An der Lechklamm erleichtert der ›König-Max-Steg‹ dem Spaziergänger den Blick auf die – ein letztes Mal – tobenden Wassermassen. An der Felswand sieht man eine Marmorbüste Maximilians II. Er hatte sich durch den Ausbau des nahen Schlosses Hohenschwangau in Füssen und Umgebung beliebt gemacht, setzte doch damit ein früher Tourismus ein, der sich später ganz schön ausgewachsen hat.
Kaum einer wird sich die Schlössertour nehmen lassen. Von Füssen aus kann man in einer guten Stunde auch zu Fuß nach Hohenschwangau und Neuschwanstein gelangen – und sich so Parkplatzärger ersparen. Zwei Wege, die Königsstraße und der Alpenrosenweg, führen dorthin, wo so vieles ›schwanig‹ ist. Die beiden ›Schwanenschlösser‹ liegen in der Gemeinde Schwangau, der Weg von Füssen führt am Schwansee vorbei, und in beiden Bauten gibt es Bilder und Plastiken mit Schwänen gerade genug.
›Mein lieber Schwan‹, wird sich mancher Besucher sagen, wenn er das tiefer gelegene der beiden Schlösser, Hohenschwangau, besichtigt. Im Hof ein Schwanenbrunnen, im ersten Stock dann der ›Schwanenrittersaal‹ mit den Bildern der Lohengrin-Sage, dazu noch Schwäne da und dort. Dabei stand hier ehedem nur eine schlichte mittelalterliche Adelsburg namens Schwanstein, die einst den auch durch ihre Minnesangeskunst bekanntgewordenen Herren von Schwangau gehört hatte. Ab 1832 ließ der Kronprinz und spätere Bayernkönig Maximilian II. aus den nur mehr Burgresten einen komfortablen und romantischen Sommersitz machen.

△ Die Hänge des Tegelbergs dienen Drachenfliegern als Startrampe, ... Bergwanderern als Sonnenbank ▽

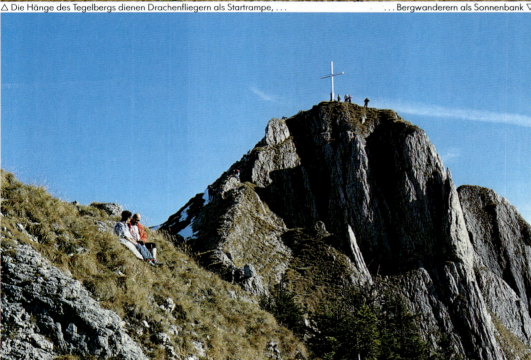

△ Nur für Schwindelfreie: Pöllatschlucht

Nachmittagsstimmung am Alpsee ▽

△ Im Kurpark von Schwangau

△ Hoch im Ammergebirge: Kenzenhütte   Bannwaldsee und (links) Forggensee ▽

Königsflucht ins Traumschloß

Als königliches Büblein lebte der kleine Ludwig jedes Jahr längere Zeit mit den Eltern auf Hohenschwangau. Dort wird er sich die Schwan-Sucht geholt haben und den Hang zur grenzenlosen Romantik. Mit 19 Jahren wurde aus dem ›Ludwigerl‹ der ›Märchenkönig‹ Ludwig II. Hatte sein Vater sich Hohenschwangau vom Theatermaler Domenico Quaglio bauen lassen, so stammen auch die Pläne für Ludwigs Neuschwanstein von einem Theatermaler, von Christian Jank – wenn auch des Königs komponierender Freund Richard Wagner als Ideen-Pate mitwirkte. So ist Neuschwanstein im Grunde eine riesenhafte Theaterkulisse für zwei Wagner-Opern: Der Hof soll an den ›Lohengrin‹ erinnern, das Schloßgebäude mit dem Sängersaal an Wagners ›Tannhäuser‹ und den ›Sängerkrieg‹ auf der Wartburg.

Neuschwanstein – und natürlich auch die anderen Schlösser Ludwigs II. – waren seine Flucht vor der Welt und der großen Politik. Einsame Stunden verbrachte der ›Märchenkönig‹ hier. Einsam wurde er am 12. Juni 1886 von Neuschwanstein als königlicher Gefangener zu seiner letzten Station, Berg am Starnberger See, gebracht, wo er andertags auf mysteriöse Weise ums Leben kam. Heute kommen alle Jahre bald zwei Millionen Besucher in die königliche Fluchtburg Neuschwanstein.

Das ›Matterhorn des Allgäus‹

Romantikern bleiben im Füssener Gebiet nicht nur die beiden Königsschlösser. Da ist ja schließlich viel Natur vorhanden. Von Halblech aus kann man tief hinein ins Ammergebirge wandern. Die einsam gelegene Kenzenhütte ist dabei ein wichtiger Stützpunkt. Von dort sieht man auch den Geiselstein, das ›Matterhorn des Allgäus‹. Wer dem Berg keine Gefährlichkeit zutraut, muß nur in der hölzernen Kapelle zu seinen Füßen die Namen all derer lesen, die an diesem Kletterberg zu Tode gekommen sind.

Wo gibt es was?

Fähnchennummer = Textnummer ❶ = Auskunft

Marktoberdorf ①

Die Stadt (seit 1953) ist Verwaltungssitz des Landkreises Ostallgäu und bedeutender ländlicher Industrieort. Ab dem Mittelalter unter der Herrschaft des Fürstbistums Augsburg. Sehenswert die barocke Pfarrkirche St. Martin (Johann Georg Fischer, 1732 bis 1734) mit großartigem Hochaltar (Leonhard Fischer, 1747). Weitere Barockbauten sind das ehemalige Fürstbischöfliche Schloß (Johann Georg Fischer, 1723–1728; heute Musikakademie), die Frauenkirche (um 1747) und das Alte Rathaus (15. Jh. und 1723). Das neue Stadtmuseum informiert u. a. über Handwerk-Industrie, Früh- und Stadtgeschichte (so und mi geöffnet). Im Oberdorfer Heimatmuseum im Hartmannhaus frühes bäuerliches Wohnen und Handwerk sowie alte Wintersportausrüstungen; in der Städtischen Galerie im Dr.-Geiger-Haus eine umfassende Sammlung schwäbischer Kunst des 20. Jh. (jeden 1. und 3. Sa im Monat am Nachmittag geöffnet), im Riesengebirgsmuseum eine volkstümliche Sammlung aus der gleichnamigen Region (mi und fr sowie am 1. So im Monat geöffnet). Alle Museen sind auch nach Vereinbarung zugänglich.
Frei- und Hallenbad; Fahrradverleih, Wandern. Loipen, Eislaufen.
❶ Stadtverwaltung, Jahnstraße 1, 87616 Marktoberdorf.

Lechbruck ②

Der Erholungsort am Oberen Lechsee (Stausee) ging aus einem Flößerdorf hervor. Sehenswert die frühklassizistische Pfarrkirche Mariä Heimsuchung (1786 bis 1790) und die barocke St.-Nikolaus-Kirche (Johann Georg Fischer, 1720–1723) im benachbarten *Bernbeuren* (nördlich gelegen). Nicht versäumen sollte man einen Ausflug auf den in römischer Zeit befestigten Auerberg (schöne Aussicht) mit der gotischen St.-Georgs-Kirche (um 1497), alljährlich Ziel eines Georgiritts (So nach dem 23. April).
Frei- und Hallenbad; Segeln, Surfen, Rudern (jeweils Verleih); Fahrradverleih. Wandern (auch geführt), u. a. in den benachbarten Pfaffenwinkel mit seiner Kirchenpracht. Lift, Loipen, Eislaufen, Rodeln; Pferdeschlittenfahrten.
❶ Verkehrsamt, 86983 Lechbruck.

Seeg ③

Der als familienfreundlich bekannte Luftkurort liegt in einem Seengebiet. Sehenswert die barocke Pfarrkirche St. Ulrich (1701 bis 1725). Heimatmuseum (geöffnet nach Vereinb.). Strandbad, Surfen, Rudern; Fahrradverleih. Lift, Loipen; Pferdeschlittenfahrten.
❶ Verkehrsamt, 87637 Seeg.

Roßhaupten ④

Sehenswert die barocke Pfarrkirche St. Andreas (17. und 18. Jh.). Das Kraftwerk Roßhaupten, die größte Stufe der Lechkraftwerke, kann besichtigt werden. Sehenswert in *Sameister* die Johann-Jakob-Herkomer-Kapelle (1692); Segeln, Surfen, Rudern (jeweils Verleih); Badeplatz am Forggensee, Freibad ›Wettebad‹; Fahrradverleih, Drachenfliegen. Lifte, Loipen; Pferdeschlittenfahrten in Roßhaupten.
❶ Verkehrsamt, Hauptstraße 10, 87672 Roßhaupten.

Halblech ⑤

Die flächenmäßig größte Gemeinde des Ostallgäus liegt am Naturschutzgebiet Ammergebirge und am Bannwaldsee; an dessen Ufer wurde im September 1947 die Schriftstellervereinigung ›Gruppe 47‹ gegründet. Haupterholungsorte sind *Buching* und *Grauchgau*. Sehenswert die klassizistische Pfarrkirche St. Andreas (1819) und ein historischer Kalkofen (1849) in *Trauchgau*. Wassersport am Bannwaldsee; Fahrradverleih, Wandern (auch geführt; ›König-Ludwig-Weg‹ im Pfaffenwinkel und Ammergebirge), Sessellift zum Buchenberg (1141 m). Lift, Loipen, Eislaufen, Rodeln; Pferdeschlittenfahrten.
❶ Verkehrsämter, 87642 Buching und 87642 Trauchgau.

Schwangau ⑥

Wahrzeichen des heilklimatischen Kurorts ist die barocke, auf freiem Feld stehende Wallfahrtskirche St. Coloman (Johann Schmuzer, 1673–1678) mit ihren großartigen Stuckmarmor-Altären (Colomansfest am 2. So im Okt.). Schloß Hohenschwangau, ursprünglich Sitz der Herren von Schwangau und später kleine bayerische Grenzfeste gegen Tirol, entstand in der heutigen Form von 1832 bis 1838 (Domenico Quaglio, ab 1837 Joseph Daniel Ohlmüller; Ergänzungen bis 1854 Georg Friedrich Ziebland). Die vielen Historiengemälde, vor allem im Schwanenrittersaal, entstanden nach Entwürfen Moritz von Schwinds. Sehenswert auch der Garten mit zinnenbekrönter Wehrmauer. Ludwig II. ließ ab 1868 durch die Architekten Eduard Riedl, Georg Dollmann und Julius Hofmann anstelle der Burgruine Vorderhohenschwangau sein Traumschloß Neuschwanstein in romanischen Formen erbauen. Höhepunkte der Besichtigung sind der Thronsaal im dritten und der Sängersaal im vierten Obergeschoß. Vom Schloß aus hat man einen herrlichen Blick auf die Pöllatschlucht (beide Schlösser tägl. geöffnet).
Beim Bau der Tegelbergbahn wurden 1966 am Tegelberg römische Siedlungsreste freigelegt (2. Jh. n. Chr., Besichtigung Mai bis Sept.). Kurhaus mit Kulturprogramm. Frei- und Strandbad (Alpsee); Segeln, Surfen, Rudern (jeweils Verleih am Forggensee); Fahrradverleih, Drachenfliegen; Wandern (auch geführt) im Ammergebirge, Seilbahn auf den Tegelberg, Lifte, Loipen, Eislaufen, Rodeln; Pferdeschlittenfahrten.
❶ Kurverwaltung, 87645 Schwangau.

Füssen ⑦

Die Geschichte des Kneippkurorts, Mineral- und Moorheilbads und Wintersportplatzes begann mit Foetibus, einer römischen Straßenstation. Im 9. Jh. entwickelte sich aus einer um die Mitte des 8. Jh. vom heiligen Magnus erbauten Zelle eine Benediktinerabtei (1803 aufgehoben). 1295 wurde Füssen als Stadt genannt, kam 1313 an die Augsburger Fürstbischöfe, wurde deren Residenz. Ende des 13. Jh. begann der Bau des fürstbischöflichen Hohen Schlosses (um 1500, 1830 umgebaut), Balken- und Kassettendecken aus dem 16. Jh.; heute ist im Nordflügel eine Filialgalerie der bayerischen Staatsgemäldesammlung mit spätgotischen Gemälden und Skulpturen aus dem schwäbisch-bayerischen Raum untergebracht (tägl. außer mo geöffnet, Nov. bis März nur nachm.).
Von großer kunsthistorischer Bedeutung die ehemalige Klosterkirche St. Mang (Johann Jakob Herkomer, 1701–1717) mit frühromanischer Krypta (9. Jh.; Fresken-Fragmente des späten 10. Jh.) und der St.-Anna-Kapelle (Freskenzyklus ›Füssener Totentanz‹ von Jakob Hiebeler, 1602), zu besichtigen über das Museum der Stadt Füssen im ehemaligen St.-Mang-Kloster (Apr. bis Okt. täglich außer mo geöffnet, Nov. bis März nur nachm.). Johann Georg Fischer leitete den Bau der Krippkirche in der Reichenstraße (1717), sein Sohn Franz Karl Fischer den der Spitalkirche (1749). Kurhaus mit Kulturprogramm. Strandbäder und Hallenbad, Wasser- und Wintersport (Langlauf und Ski alpin, Bundesleistungszentrum für Eishockey und Eisstockschießen), Gleitschirmfliegen, Alpensegelflug, Drachenfliegen, 180 km Wanderwege, Bergsteigen, Angeln, Tennis (Frei- und Hallenplätze); Schiffahrt auf dem Forggensee.
❶ Kurverwaltung, Kaiser-Maximilian-Platz 1, 87629 Füssen.

Zu Wasserkuren

Von den vielen Gesichtern des Allgäus sind zwei offenkundig: die bizarren Gebirgshöhen und das weite Vorland – vor Jahrtausenden von den abschmelzenden Gletschern geschaffen –, hügelauf, hügelab in saftigem Grün gehalten. Erst auf den zweiten Blick erschließt sich weiteres: die kleineren und größeren Seen, die traditionsreichen Orte und Städte wie Mindelheim oder Kaufbeuren mit ihren Geschichten und natürlich das weltberühmte Bad Wörishofen, wo Pfarrer Kneipps ›Jünger‹ seit rund 100 Jahren Wasserkuren verabreichen.

Foto: An die 1600 junge Kaufbeurer zeigen beim Tänzelfest die Geschichte der Stadt auf – hier kurz vor dem ›Adlerschießen‹.

ns Allgäuer Hügelland

△ Mindelheims Jesuitenkirche aus dem 17. und 18. Jahrhundert, eine zu wenig bekannte Sehenswürdigkeit

Mindelheims Oberes Tor zur Fastnachtszeit ▽

△ Am Stadtbach: »Weberhaus«

In Kirchheims Fuggerschloß ▽

18

△ Der Marienplatz mit dem Rathaus ist der Mittelpunkt der vom Oberen Tor abgeschlossenen Mindelheimer Hauptstraße ▽

Werke aus den unterschiedlichsten Zeiten sind im Turmuhrenmuseum zu betrachten ▽

Mindelheim und das britische Königshaus

Sicherlich lag das Allgäu zu keiner Zeit im Scheinwerferlicht der Weltgeschichte, doch zeigt sich gerade hier, daß das große Geschehen häufig genug abseits der Zentren stattfindet. So können die Städte dieses Landstrichs manche Geschichte erzählen, sich zudem mit etlichen illustren Namen schmücken. Ein Beispiel dafür ist Mindelheim – sofern man den Spuren der Vergangenheit nicht unbedingt zur Faschingszeit folgen will. Wer dann in die Stadt kommt, meint eher in ein Narrenreich gelangt zu sein. Schon die beiden jahrhundertealten Stadttore sind dann als lustige Hanswursten verkleidet, was aber nur für den Humor der Mindelheimer spricht.

Geschichte also. Da wäre zunächst das englische Königshaus. Das führt unter anderem auch den Titel der ›Herzöge von Teck‹ seit der Hochzeit einer württembergischen Mary von Teck mit jenem Herzog von York, der dann als Georg V. bis 1936 König von England war. Was das mit Mindelheim zu tun hat? Es ist zwar gut 500, 600 Jahre her, daß die Tecks die Stadt ihr eigen nannten. Aber unverändert gilt das gotische Grabdenkmal des Herzogspaares Ulrich und Ursula von Teck in der Pfarrkirche St. Stephan als schönste Plastik Mindelheims.

Die ›englischen‹ Jahre

Immerhin zehn Jahre lang war Mindelheim aber richtig ›englisch‹. Als die Bayern im Spanischen Erbfolgekrieg 1704 die Schlacht bei Höchstädt zusammen mit den Franzosen gegen die Österreicher und Engländer verloren hatten, gab der Kaiser in Wien dem Feldherrn John Churchill, Herzog von Marlborough, die Herrschaft Mindelheim, die erst 1714 wieder bayerisch wurde. Und jener John Churchill war ein Vorfahre Sir Winston Churchills, des bekannten britischen Staatsmannes.

△ Bad Wörishofen: Gänsegeier ...   ... und Weißkopfseeadler in der Falknerei ▽   Das Dominikanerkloster hatte einst Sebastian Kneipp nach Wörishofen gebracht; ... ▽

... heute beherbergt es das Kneipp-Museum – hier das Kneippsche Sprechzimmer ▽

▽ Wörishofener Kurmittel: Promenade und Wassertreten ▽

In Türkheim wird an Ludwig Aurbacher erinnert ▽

Der ›Vater der Landsknechte‹

An einer Ecke der Mindelheimer Rathausfront steht auf halber Höhe ein Mann aus Erz: Georg von Frundsberg. 1473 wurde er auf der Mindelburg über der Stadt geboren, und 1528 starb er dort auch. Doch die Zeit dazwischen war er Obrist des Kaisers Maximilian und berühmtester Landsknechtsführer unter Kaiser Karl V. Seine wilden Söldnerhaufen, mit denen er im Jahr 1527 sogar gegen Rom gezogen war, nannten ihn zärtlich den ›Vater der Landsknechte‹. Und von ihm – nicht von Kaiser Wilhelm II. – stammt der Spruch ›Viel Feind, viel Ehr‹. Die Mindelheimer feiern übrigens alle drei Jahre mit großem Aufwand das Frundsbergfest.

›Kneippen‹ ist nicht ›Kneipen‹

Bad Wörishofen hat zwar seine Promenade, dazu ein buntes Kulturprogramm für die Kurgäste, auch einen Kurpark. Doch trotz seines weltbekannten Rufes ist es nicht mondän, sondern eher ›ländlich‹ geblieben. Man wähnt sich in einer gepflegten Vorstadt, ohne aufsehenerregende Architektur – die hier allerdings einen perfekt organisierten Kurbetrieb beherbergt. Für anderes ist in Bad Wörishofen, wo Konditoreien bereits zu den Sündentempeln gerechnet werden müssen, kaum Platz.

Schon um zehn Uhr abends kommt sich ein Lustwandler an diesem Ort sehr einsam vor. Man liegt zu Bett und schläft den morgendlichen Güssen entgegen, die eiskalt dorthin treffen, wohin sie kurärztlich verschrieben sind. Das lernt man hier schnell: ›Kneippen‹ ist eben nicht ›Kneipen‹.

Ursprungsort der Wechselbäder

Die Leute von Bad Wörishofen könnte man als ›Pfarrer Kneipps selige Erben‹ bezeichnen. Denn es war bestimmt ein Glücksfall für das Viehbauerndorf, daß der aus Stephansried bei Ottobeuren stammende Sebastian Kneipp 1855 Beichtvater der Wörishofer Dominikanerinnen wurde. So betrieb er hier und nicht anderswo

△ Kaufbeurens Rathaus mit seiner historisierenden Fassade: Kulisse des Zapfenstreichs beim Tänzelfest ▽ An Ludwig Ganghofer erinnert Kaufbeurens Heimatmuseum ▽

An die Stadtmauer gelehnt: Blasiuskapelle in Kaufbeuren ▽

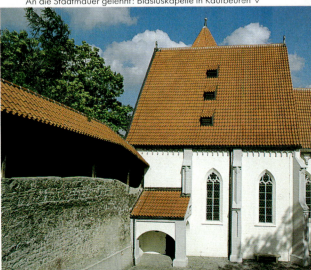

△ Einzug Kaiser Maximilians: Tänzelfest-Szene   Seit 1753 vor der Dreifaltigkeitskirche: Neptunbrunnen ▽

Die Heiligen Ulrich, Blasius und Erasmus, um 1435 entstanden, in der Blasiuskapelle ▽

seine Wasserkur an sich und anderen. Und das mit einem derartigen Eifer, daß diese weithin bekannt wurde und selbst Majestäten in das damalige Dorf kamen. Heute sind ›Kneipianer‹ in aller Welt zu finden und beruhigen nicht nur in Bad Wörishofen ihre ›überanstrengten Nerven‹ nach Kneippscher Manier. Aber nicht wenige schwören darauf, gerade in diesem Allgäuer Badeort neue Lebenskraft zu tanken.

Sieben Helden besonderer Art
Ein paar Kilometer nördlich von Bad Wörishofen liegt Türkheim. An seiner Hauptstraße steht das Geburtshaus des Schriftstellers Ludwig Aurbacher, der sich seinen Lebensunterhalt als Lehrer hatte verdienen müssen. Neben weiterem Volksgut erhielt er der Nachwelt die Geschichte von sieben Helden besonderer Art, von Helden, deren Haupteigenschaft eine gesunde Angst gewesen ist: den ›Sieben Schwaben‹. Sie müssen bekanntlich am Ende eines ihrer Abenteuer erkennen, daß das Ungeheuer, das sie mit langem Spieß bezwingen wollten, ein harmloser Hase ist, der seine Ängstlichkeit mit ihnen gemeinsam hat. Die Geschichte dieser so liebenswert ›vorsichtigen‹ Mannen ist längst in aller Welt bekannt.

Ein Optimist aus Kaufbeuren
Kaufbeurens Besucher tun gut daran, schnell den Randbereich der Stadt zu durchqueren, um vorbei an den Resten der türmebewehrten Stadtmauer in die Altstadt mit ihren Bürger- und Patrizierhäusern zu kommen. Ein erster Besuch sollte der Blasiuskapelle direkt im alten Wehrbereich gelten, wo ein Altar Jörg Lederers in seiner spätgotischen Pracht zu bewundern ist. Der gebürtige Füssener gründete 1507 in Kaufbeuren eine Werkstatt, und so ist es nur konsequent, im Stadtmuseum eine Sammlung seiner Werke auszustellen. Im Stadtmuseum gibt es aber nicht nur Lederer und Reichsstadtgeschichte, man steht auch im hinterlassenen Arbeitszimmer Ludwig Ganghofers, der nichts

△ Hell aufleuchtendes Barock: Kloster Irsee ›Schiffskanzeln‹ waren eine Rokoko-Mode: Irsee ▽ Zum »Irseer Klosterbräu« gehört ein Brauereimuseum ▽

Ahnenfigur im Südseemuseum Obergünzburg ▽

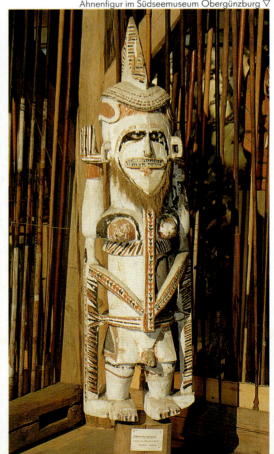

△ Das »Irseer Klosterbräu« ...   ... ist für die weltlichen Genüsse zuständig ▽

Schmuck ist eine vielfältige und manchmal auch üppige Angelegenheit, wie das Neugablonzer Museum zeigt ▽

dafür kann, daß ihn Wilhelm II. zu seinem Lieblingsdichter erkor. Mit Recht wurde der Verfasser des ›Ochsenkrieges‹ und des ›Schweigens im Wald‹ vom Ruf eines Trivialautors befreit, und vieldeutig ist der Titel seiner Autobiografie, die er als ›Lebenslauf eines Optimisten‹ herausgab.

Der Kaiser stiftete ein Fest
Alle Jahre, Mitte Juli, feiert man in Kaufbeuren das Tänzelfest. Kaiser Maximilian I. soll es 1497 gestiftet haben. Somit wäre es das älteste Kinderfest in Bayern. Die ganze Schuljugend, so um die 1600 junge Leute an der Zahl, kommt zu dieser Veranstaltung zusammen. In Szenen und in historischen Gruppen beim Festzug wird die tausendjährige Geschichte der Stadt dargestellt. Höchste Person ist dabei ein Schüler, der in das Gewand von Kaiser Maximilian geschlüpft ist. Da gibt es dann auch Zunfttänze, und beim ›Adlerschießen‹ beweisen Schulbuben, daß man mit der Armbrust auch ohne Zielwasser ins Schwarze treffen kann. Und Heimatkunde lernen die jungen Kaufbeurer dabei auf beste Weise, nämlich fröhlich feiernd.

Irseer Interna
Von Kaufbeurens schöner und größtenteils autofreier Altstadt trennt man sich schwer. Doch liegt nur ein wenig außerhalb ein lohnendes Ziel. Eine gute Straße führt dorthin, auf deren allerletztem Stück dann die ganze barocke Pracht der einstigen Benediktinerabtei Irsee aus dem ansteigenden Talgrund auftaucht. Noch schöner ist der knapp zweistündige (wenn man es gemütlich haben will) Fußweg.
In Irsee wird eine lustige Geschichte erzählt. Der Pfarrer hat sich lang darüber geärgert, daß er vom Bischöflichen Ordinariat in Augsburg immer Briefe mit der Aufschrift ›Pfarramt *Irr*see‹ bekam. Trotz wiederholten Monierens änderte sich nichts. Da schrieb der Irseer Seelenhirte einfach auf einen Brief: ›An das Bischöfliche Or*dinarr*iat‹. Und siehe da, das nächste Mal kam ein Brief an das ›Pfarramt Irsee‹.

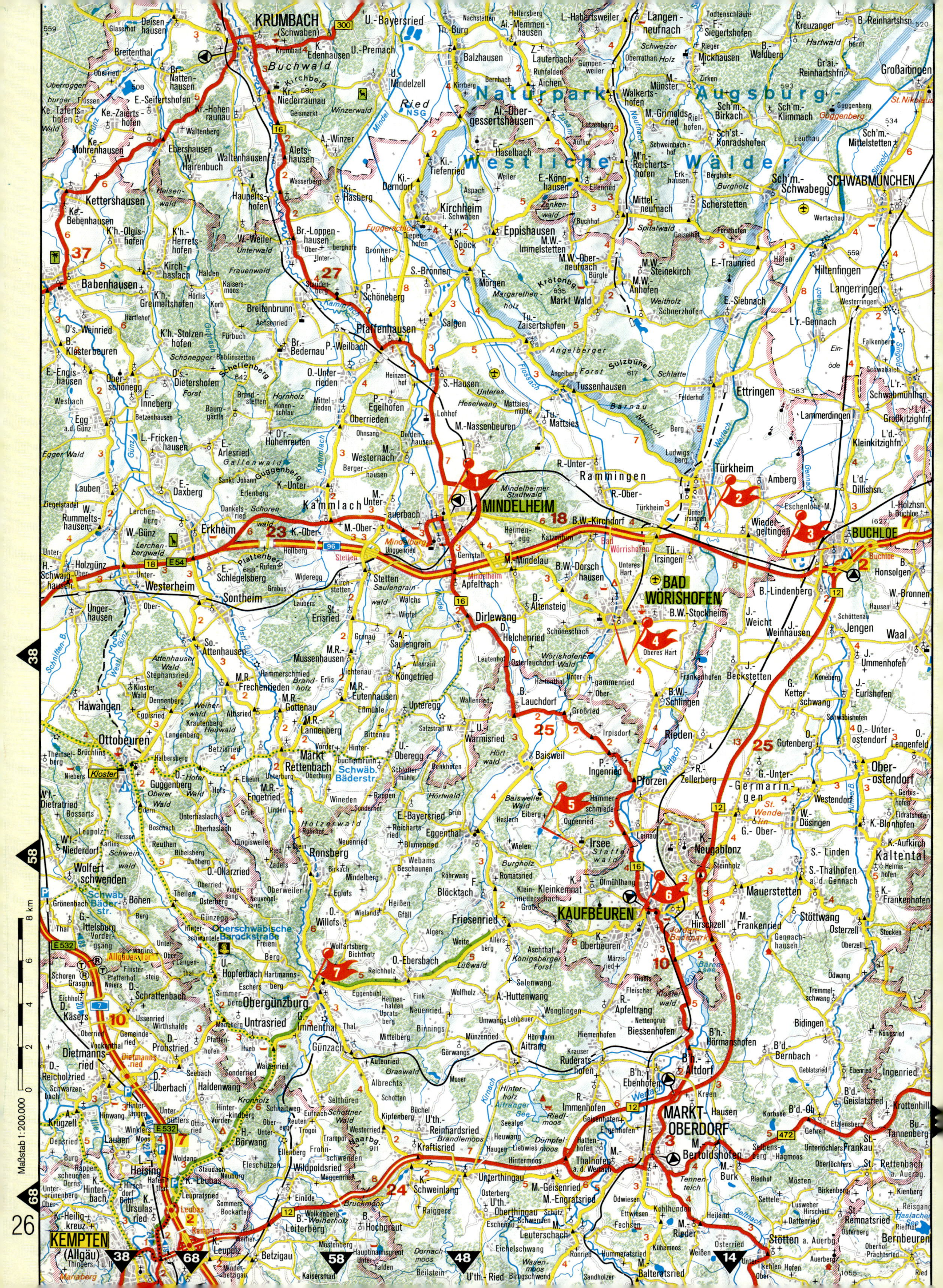
KRUMBACH (Schwaben)
Naturpark Augsburg-Westliche Wälder
SCHWABMÜNCHEN
Babenhausen
Kettershausen
Pfaffenhausen
Ettringen
Türkheim
MINDELHEIM
BUCHLOE
Kammlach
Erkheim
Westerheim
Sontheim
BAD WÖRISHOFEN
Dirlewang
Ottobeuren
Hawangen
Markt Rettenbach
Ronsberg
Obergünzburg
Kaltental
Pforzen
Irsee
KAUFBEUREN
Mauerstetten
Stöttwang
Friesenried
Oberostendorf
Germaringen
Dietmannsried
Lauben
Heising
MARKT OBERDORF
Bertoldshofen
Stötten a. Auerberg
Bernbeuren
KEMPTEN (Allgäu)
Schwäb. Bäderstr.
Oberschwäbische Barockstraße
Maßstab 1:200.000
Westendorf
Rieden
Lengenfeld
Jengen
Waal
Honsolgen
Amberg
Wiedergeltingen
Langerringen
Hiltenfingen
Großaitingen

Wo gibt es was?

Fähnchennummer = Textnummer   ❶ = Auskunft

Mindelheim ①

Der heutige Verwaltungssitz des Landkreises Unterallgäu wurde 1046 erstmals urkundlich erwähnt (Stadtrecht um 1250). Gut erhalten das Stadtbild mit Toren, Türmen und Mauerwerk der historischen Befestigung (15./16. Jh.). Den schönsten Blick auf die Stadt hat man von der Mindelburg (um 1370, im 15./16. Jh. umgebaut; Aussichtsturm), Sitz der Familie von Frundsberg. Am Marienplatz das Rathaus (1658 und 1897) mit Frundsberg-Standbild von 1903. Hauptsehenswürdigkeit ist die barocke Pfarrkirche St. Stephan (Valerian Brenner, 1712/13) mit hervorragendem gotischem Doppelgrabmal für Ulrich und Ursula von Teck (um 1430). In der gotischen Liebfrauenkirche (um 1455, 1735 barockisiert) das spätgotische Holzrelief der ›Mindelheimer Sippe‹ (Heilige Sippe in Bürgertracht, um 1520). Im ehemaligen Kloster Heilig-Kreuz (1680 und 1740) ist ein Heimatmuseum untergebracht (geöffnet di bis sa und jeden 2. So im Monat); im einstigen Jesuitenkolleg mit besuchenswerter Kirche ein Krippen- und Textilmuseum (mo geschl.) und in der gotisch-barocken ehemaligen Silvesterkirche das Schwäbische Turmuhrenmuseum (mi geöffnet, Führungen am letzten So im Monat und nach Vereinb.). In *Kirchheim in Schwaben* (nördlich gelegen) das Fuggerschloß mit dem ›Zedernsaal‹ (Kassettendecke von 1585; ganzj. geöffnet, Konzerte). Alle drei Jahre (wieder Juni/Juli 1997) das Frundsbergfest. Frei- und Hallenbad. Lift, Loipen, Eislaufen. ❶ Verkehrsamt, Rathaus, 87719 Mindelheim.

Türkheim ②

Der Markt (seit 1702) war ab 1371 Hauptort der bayerischen Herrschaft Schwabegg, ab 1662 sogar für einige Jahrzehnte Residenz des Herzogs Maximilian Philipp (eines Bruders des Kurfürsten Ferdinand Maria). Der Herzog erneuerte das Schloß (16. und 17. Jh.; heute Rathaus) und verschönerte den Markt. Sehenswert ist die spätgotische Pfarrkirche Mariä Himmelfahrt (14. und 15. Jh., 1678 durch Johann Schmuzer barockisiert). Im Schloß wurde das heimatkundliche ›Sieben-Schwaben-Museum‹ eingerichtet, u. a. mit Erinnerungen an den Dichter Ludwig Aurbacher (1784–1847; jeden 1. So im Monat geöffnet). Freibad. Eissport. ❶ Gemeindeverwaltung, Rathaus, Maximilian-Philipp-Straße 32, 86842 Türkheim.

Buchloe ③

Die Stadt ist ein wichtiger Verkehrsknotenpunkt. Der spätgotische Backsteinbau der Pfarrkirche Mariä Himmelfahrt wurde 1729/30 barockisiert (1937 erweitert). Die gemütlichen Landgasthöfe »Zur Post« und »Zur Krone« gehören zum historischen Häuserbestand der Stadt. In *Waal* (südöstlich gelegen) in unregelmäßigen Abständen im modernen Spielhaus vielbesuchte Passionsspiele. Frei- und Hallenbad in Buchloe. ❶ Stadtverwaltung, 86807 Buchloe.

Bad Wörishofen ④

Das einst unscheinbare Dorf nahm ab 1855 durch die Wasserkur Sebastian Kneipps einen enormen Aufschwung (Bad seit 1920, rund 170 Kurbetriebe). Sehenswert vor allem das Dominikanerinnenkloster mit der barocken Marienkirche (1719–1723, Stuck von Dominikus Zimmermann, Fresken von Johann Baptist Zimmermann) und dem Kneipp-Museum (geöffnet 15. Jan. bis 15. Nov. mi bis fr nachm. und so vorm.). In der Hartenthalerstraße steht das Historische Badehäuschen, in der Promenadenstraße das Alte Badehaus (1888, ursprünglich Männerbad). Kurhaus mit umfangreichem Kulturprogramm; Kurpark mit Rosarium und ›größter Falknerei der Erde‹. Frei- und Hallenbad, Segeln, Surfen; Golf, Fahrradverleih, Wandern (auch geführt). Loipen, Eislaufen; Pferdeschlittenfahrten. ❶ Städtisches Kuramt, 86825 Bad Wörishofen.

Irsee ⑤

Die große Sehenswürdigkeit des Kloster- und Erholungsortes ist die ehemalige Reichsabtei (1187–1803) der Benediktiner, deren barocke Klostergebäude (1707–1729, prächtiges Treppenhaus; heute Schwäbisches Bildungszentrum) zu besichtigen sind. Die ehemalige Klosterkirche (1699–1704, nach Plänen des Vorarlbergers Franz Beer) hat der Wessobrunner Josef Schmuzer stuckiert; bemerkenswert die ›Schiffskanzel‹ (1725). Umfangreiches Kultur- und Kursprogramm im Bildungszentrum. Freibad. ❶ Verkehrsverein, 87660 Irsee.

Kaufbeuren ⑥

Aus einem karolingischen Königshof des 8. Jh. entwickelte sich die Freie Reichsstadt (1286–1802), die vor allem durch die Leinenweberei zu großem Wohlstand kam. Nach 1945 gründeten Heimatvertriebene aus dem Sudetenland am Stadtrand den Ortsteil Neugablonz; Schmuckindustrie siedelte sich an. Kaufbeurens Altstadt ist bestens erhalten, ebenso große Teile der Stadtwehr (um 1420), vor allem der Fünfknopfturm, Wahrzeichen des Ortes. An der Spitze aller kunsthistorisch interessanten Bauwerke die gotische St. Blasiuskirche (Chor 1436, Langhaus um 1484) mit dem spätgotischen Flügelaltar (1518) Jörg Lederers (1475–1550) und dem runden Blasiusturm als Teil der Befestigung. Von der romanischen Vorgängerin, der gotischen Stadtpfarrkirche St. Martin (1438–1444, umgestaltet), ist noch der Taufstein erhalten. Aus dem 17. und 18. Jh. die Dreifaltigkeitskirche. In *Oberbeuren* die Wallfahrtskirche St. Cosmas und Damian (15.–18. Jh.). Im Stadtmuseum u. a. eine wertvolle Kruzifix-Sammlung (mo geschl.); ein Puppentheater-Museum im Spielbergerhof (geöffnet do bis so) und in Neugablonz die ›Sammlungen im Gablonzer Haus‹ (mo und fr geschl.). Alljährlich Mitte Juli das Tänzelfest. Stadttheater, Konzerte (auch Kaufbeurer ›Martinsfinken‹). ›Jordan-Badepark‹ mit Hallen- und beheiztem Freibad, Freibäder; Fahrradverleih. Loipen, Eislaufen. Im Restaurant »Krone-Stuben« kocht der Chef elsässisch; seit vielen Jahren hat die »Neue Post« in Biessenhofen (südlich gelegen) eine der besten Küchen im Allgäu. ❶ Verkehrsverein, Kaiser-Max-Straße 1, 87600 Kaufbeuren.

Obergünzburg ⑦

Der Markt und Erholungsort (um 1130 erstmals erwähnt) kam 1447 endgültig an die Fürstabtei Kempten, war ab 1572 einige Jahrzehnte sogar Münzstätte; einst zog hier die Römerstraße von Kempten nach Augsburg vorbei. Der weitläufige Marktplatz wird vom ehemaligen Amtshaus (1570 als Korn- und Rathaus erbaut), dem ›Cordon- oder Verkündhaus‹ (17./18. Jh., errichtet als fürstäbtliche ›Schmalzwaage‹) und mehreren Giebelfronten historischer Bürgerhäuser gesäumt. Auf der Säule des Marktbrunnens (1865) ein Mohr mit dem Ortswappen. Die gotische Pfarrkirche St. Martin (im 18. Jh. barockisiert) entstand bis 1480 als Wehrkirche mit (1805 abgetragenen) Mauern und Tortürmen. Am Unteren Markt beherbergen das ehemalige Pfarrhaus und der Pfarrstadel das Heimatmuseum (Öffnungszeiten beim Verkehrsamt) mit Südsee-Sammlung des Kapitäns Karl Nauer. Hallen- und Freibad; Wandern. Loipen, Eislaufen; Pferdeschlittenfahrten. ❶ Verkehrsamt, Marktplatz 1, 87634 Obergünzburg.

Die ›grün

Ein grünes, hügeliges Bauernland ist das Unterallgäu, in dem allerorten die Viehwirtschaft den Ton angibt. Die Dramatik dieser Landschaft scheint sich im Illerdurchbruch bei Altusried zu erschöpfen. Doch sollte die mittlerweile begehrte ›grüne Stille‹ nicht unterschätzt werden. Liegen doch mittendrin einige Attraktionen. Alt-Memmingen zum Beispiel oder die Abtei Ottobeuren mit ihrer Pracht. Und manche auf den ersten Blick erstaunlich üppige Kirche, die als Wallfahrtsziel von der unverändert tiefen Gläubigkeit in diesem Landstrich erzählt.

Foto: Den ›Schwäbischen Escorial‹ nennt man die Benediktinerabtei Ottobeuren auch – hier ein Blick in die großartige Klosterkirche.

Stille‹ des Illerwinkels

△ Der Memminger Marktplatz beim Stadtfest mit den Fassaden des Steuerhauses und der Großzunft als Kulisse

Aus dem Rokoko: Memminger Rathausfassade ▽

△ Gemalte Rokokozier am Steuerhaus

Das Siebendächerhaus ▽

Hans Holzschuher in der Martinskirche ▽

30

△ Der Memminger Stadtbach fließt quer durch die Stadt   Lädt zum Bleiben ein: Kramerstraße ▽

König wird, wer am besten im Trüben fischt

Punkt acht Uhr gibt ein Böllerschlag den Stadtbach frei. In Windeseile verwandelt sich das sonst einigermaßen klare Gewässer in eine schlammige Brühe. Es ist Fischertag in der einstigen Freien Reichsstadt Memmingen. An die 800 Mannsbilder fischen mit ihren Gabelnetzen im Trüben, versuchen ihr Glück, in diesem Jahr den größten Fisch zu ergattern. Da hat kaum eine der begehrten Forellen eine Chance, nicht auf der Waage am schönen Marktplatz zu landen.

Meist schon nach kurzer Zeit steht der Fänger des größten Fisches fest, für ein weiteres Jahr ist der neue Fischerkönig gefunden. Endlich kann alles hinaus in die Festhalle am Stadtrand eilen, wo zunächst der bisherige Fischerkönig verabschiedet werden soll. Mitfühlend erhält er noch Brot, Wurst und Bier als Wegzehrung. Dann allerdings macht ihm ein Tritt in die Kehrseite deutlich, daß seine Herrschaft nun beendet ist.

Zu einem Triumphzug wird die Ankunft des neuen Königs, der auf einem Birkenthron Platz nimmt. Ein ganzes Jahr lang wird er fast der Höchste in Memmingen sein. Wo immer etwas los ist, er darf unter den Ehrengästen nicht fehlen, und manch einer ist sicher, daß er mitunter stürmischer begrüßt wird als der Oberbürgermeister.

Der Fischertag ist seit Jahrhunderten Memmingens größtes Fest im weltlichen Jahreslauf. Über seine Entstehung gibt es – natürlich – mehrere Geschichten. Am glaubwürdigsten ist wohl, daß ein löblicher und hochweiser Rat das große Fischen keineswegs ansetzte, um seinen Bürgern zu einem billigen Fischgericht zu verhelfen. Vielmehr war es nötig, alle Jahre den künstlich angelegten Stadtbach abzulassen und zu säubern, was die vielen Männer mit ihren den Schlamm aufwühlenden Netzen schon halb erledigten.

31

△ Wie soll da noch ein Fisch entwischen... ...und nicht auf der Waage landen? ▽ Ein letzter Auftritt des alten Fischerkönigs: Fischerspruch ▽

Von großer Aufmerksamkeit ist bei der Stadtwache kaum etwas zu spüren ▽

△ Klosterkirche Buxheim Memmingens Stadtmuseum ▽ Buxheimer Chorgestühl: Heiligenfigur ▽

Holzgeschnitzte Patrizier
Eines Stadtführers bedarf es in Memmingen eigentlich nicht. Die Stadt selbst erzählt dem Besucher alles. Daß in der Herrenstraße die vornehmen Bürger gewohnt haben, sagen schon der Name und die feinen Hausfronten. Die Kramerstraße war eben einst die Haupthandelsstraße. Der Marktplatz mit den Arkaden des sogenannten Steuerhauses und der Pracht des Rathauses erklärt sich von selbst. Nur daß auf den luftigen oberen Böden des eigenartig wirkenden Siebendächerhauses fleißige Gerber ihre Ware getrocknet haben müssen, darauf muß vielleicht hingewiesen werden.

Wie die Patrizier aus der Herrenstraße aussahen – zumindest in der Zeit um 1500 –, bleibt in Memmingen kein Rätsel. Die beiden Meister Hans Herlin und Hans Daprazhauser (die aber auch ein und dieselbe Person gewesen sein können) haben einige Herrschaften im berühmten Chorgestühl der Martinskirche in Holz geschnitzt verewigt. Stolz, sogar fast hochmütig, schaut der Kirchenpfleger Hans Holzschuher in die Welt. Sein Amtskollege Hans Weyer hingegen sieht eher mürrisch bis bekümmert drein – vielleicht weil er die Kirchenkasse zu verwalten hatte. Die anrührendste der 22 Chorwangenfiguren ist die Bürgermeistersfrau Barbara Besserer. Sehr ernst wirkt ihr frisches, junges Muttergesicht, und eine Sterbekerze hält sie in der Hand: Sie starb 1501, im selben Jahr, als das Chorgestühl in Angriff genommen wurde.

Kneipps erster ›Wasserguß‹
Einen Katzensprung entfernt von Memmingen steht die Reichskartause Buxheim. Wie streng die Regeln der Kartäusermönche waren, erzählt heute ein Museum im Klosterbereich. Zumindest architektonisch wurde diese Strenge gemildert, als zu Beginn des 18. Jahrhunderts die Brüder Zimmermann die gotische Klosterkirche barockisierten und auch eine neue, barocke Pfarrkirche bauten.

△ Ottobeurens Klosterkirche und Klosterbauten, . . .

△ In prachtvollem Ambiente: Ottobeurer Klosterkonzerte

△ . . . innen wie außen prachtvoll, sind die Sehenswürdigkeit des Ortes ▽

34

△ Zu den hierher umgesetzten Bauten des Bauernhofmuseums in Illerbeuren gehört der Uttenhof mit Bienenstadel

△ ›Käskuchl‹ in der Ulrichs-Sölde des Bauernhofmuseums in Illerbeuren   Die Illermühle von Lautrach ▽

Freilich, der ganz große Glanz von Barock und Rokoko durfte in Buxheim nicht sein. Der ist jedoch in höchster Vollendung im ›Schwäbischen Escorial‹, in der ehemaligen Reichsabtei Ottobeuren, zu finden. Allein, daß es in der Kloster-Basilika zwei historische und eine moderne Orgel gibt, läßt das Maß ahnen, das die bei diesseitiger Pracht nicht zimperlichen Benediktiner hier vor rund 200 Jahren anlegten, als sie ihre Kirche und ihr Kloster völlig neu bauen ließen.

Ob es wohl sehr kalt war, als am 18. Februar 1821 die Webersleute Xaver und Rosina Kneipp ihren am Vortag geborenen Sohn Sebastian vom nahen Dorf Stephansried zur Taufe in die Ottobeurer Klosterkirche trugen? Jedenfalls hat er in dieser herrlichen Kirche seinen ersten ›Wasserguß‹ erhalten, er, der spätere ›Wasserdoktor‹. Den herrlichen Orgelklang, der heute viele Musikbegeisterte in die mächtige Basilika zieht, den haben sich die braven Leute sicherlich verkneifen müssen.

Viel Vieh im Illerwinkel

Das Gebiet um Kronburg, Legau und Lautrach nennt man den Illerwinkel. Der Marktort Legau war einst die viehreichste Gemeinde Deutschlands. Jetzt trägt diesen Titel der Nachbar Altusried, der auch durch seine erfolgreich ›biologisch‹ wirtschaftenden Bauern von sich reden gemacht hat. Bei ihnen kommen bewährte Methoden der bäuerlichen Vergangenheit in dieser von Agrarindustrialisierung bestimmten Zeit berechtigterweise zu neuen Ehren. Und eine Freude ist es, über ihre von alter Artenvielfalt bestimmten Wiesen und Weiden zu wandern.

In dieses Umfeld paßt wunderbar das Schwäbische Bauernhofmuseum. An guten Tagen sind es Hunderte von Besuchern, die das ebenso zu sehen scheinen und nach Illerbeuren fahren. Idealisten gründeten es als erstes Freilichtmuseum in Bayern. 1954 hatte der Heimatpfleger Hermann Zeller nur ein paar altgediente Maurer und Zimmerleute zur Verfügung, mit denen er

△ Der ›Brandner Kaspar‹ auf der Bühne des Altusrieder ›Theaterkästle‹

△ Kronburg: Hinter dem schlichten Torgebäude öffnet sich ein gepflegter, ansprechender Burghof ▽   △ Fachkundig wird auf dem Oberallgäuer Fuhrmannstag in Altusried begutachtet

△ ›Maria Hilf‹: vielgehört in Maria Steinbach

△ Eine Natursehenswürdigkeit: der Illerdurchbruch unterhalb der Burgruine Kalden

Iller bei Grönenbach ▽

überall im südlichen Schwaben so manches historische Bauernhaus gerettet und nach Illerbeuren übertragen hat. Nur auf Vereinsbasis lief das damals und mit ganz wenig Geld. Vielleicht ist dieses Museum deshalb so gemütlich, weil alles ›mit Herz‹ gemacht wurde.
Heutzutage helfen staatliche Fachleute – mag sein, daß nun das, was man Museumspädagogik nennt, besser zum Zug kommt. Doch müssen die neuen Helfer aufpassen, daß die Gemütlichkeit nicht verlorengeht, die sich ganz besonders im historischen Wirtshaus zeigt, wo die Küche den Besuchern so köstlich ›museal‹ aufkocht.

Hinüber nach Maria Steinbach
Auch im Allgäu war für viele die ›gute alte Zeit‹ keineswegs eine gute Zeit. Was nicht im Diesseits zu erhalten ist, erhofft man sich im oder vom Jenseits. Nicht zuletzt deshalb war allen voran die Muttergottes oft einzige oder letzte Zuflucht. Zwar werden die großen, zeitaufwendigen Wallfahrten immer weniger – wobei die Menschen auch früher lieber den bequemen Weg nahmen, wenn sie es sich leisten konnten. Doch die Pilgerfahrt an sich steht auch heutzutage nicht zur Debatte.
Zu den wichtigen Wallfahrtszielen des Allgäus gehört nach wie vor Maria Steinbach mit ihrer von einem Schwert durchbohrten Schmerzensmutter am Hochaltar, einst eine ›Himmelsärztin‹, heute vielfach für nichtmedizinische, oft zwischenmenschliche Problemfälle angerufen, wie die im flackernden Licht der Bitt- und Dankeskerzen aufleuchtenden ›Wunschzettel‹ zeigen.
Die Ende der achtziger Jahre aufwendig restaurierte Wallfahrtskirche erfreut Besucher durch ihre Pracht. Sie könnte glatt der weltberühmten Wieskirche Konkurrenz machen. Beim linken Seitenaltar sieht man ein ›Plärrengele‹. Weint es so, weil sein Schöpfer, der Wessobrunner Bildhauer Johann Georg Üblher, 1763 hier, mitten in der Arbeit, gestorben ist?

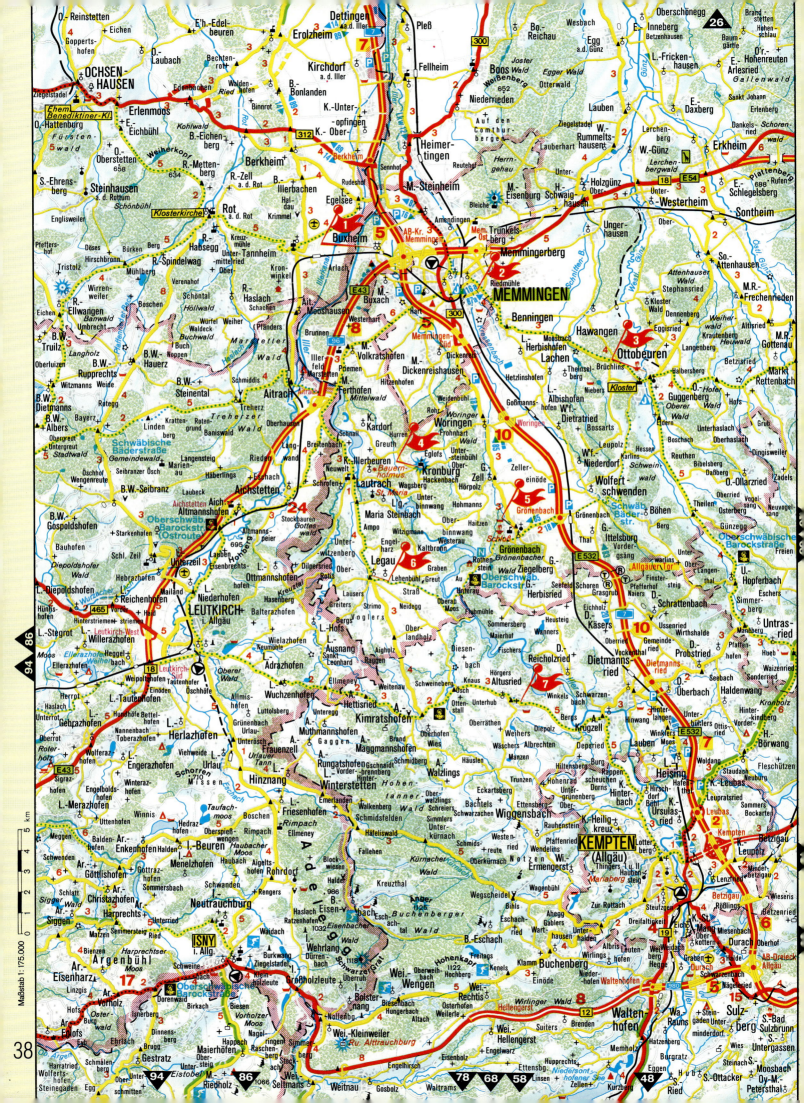

Wo gibt es was?

Fähnchennummer = Textnummer   ❶ = Auskunft

Buxheim ①

Ein seit dem 13. Jh. bestehendes Augustiner-Chorherrenstift wurde 1402 in ein Kartäuserkloster umgewandelt (1548 Reichsunmittelbarkeit, 1802 aufgehoben). Seit 1926 benutzt die Salesianer-Kongregation einen großen Teil der Klosterbauten. Die Brüder Dominikus (Architekt und Stukkateur) und Johann Baptist (Maler) Zimmermann erbauten die St. Peter und Paul Pfarrkirche (bis 1728), barockisierten 1711/12 die ursprünglich gotische Klosterkirche Maria Saal und bis 1738 auch andere Bauten des Klosters. In der Klosterkirche großartiges frühbarockes Chorgestühl von Ignaz Waibel (1684–1690). Das Kartausen-Museum mit Kreuzgang und Mönchszellen ist von Apr. bis Okt. tägl. geöffnet. Strandbad, Rudern (Verleih).
❶ Gemeindeverwaltung, 87740 Buxheim.

Memmingen ②

Die 1989 wegen ihrer Justiz in die Schlagzeilen geratene kreisfreie Stadt wurde 1128 erstmals genannt. Herzog Welf VI., Onkel des staufischen Kaisers Friedrich Barbarossa wie auch des Bayernherzogs Heinrich des Löwen, baute um 1158 eine Burg und gründete davor die Stadt (ab 1438 Reichsfreiheit). Ab dem 15. Jh. blühte Memmingen vor allem durch Barchentweberei und Handel auf. 1522 schloß es sich der Reformation an. 1803 wurde es bayerisch. Das historische Stadtbild mit noch fünf Toren (15. Jh.) und den Resten der mittelalterlichen Mauern, dem Rathaus (15. und 16. Jh., Rokokofassade von 1765) und dem Steuerhaus (1495, Erweiterung 1708) hat sich gut erhalten. Dieses Stadtbild mit Patrizier- und Handwerkerhäusern (Siebendächerhaus am Gerbergplatz, 1601) ist im Grunde die Hauptsehenswürdigkeit. Außerdem die evangelische Stadtpfarrkirche St. Martin, entstanden im 14. und 15. Jh. (wertvolle Decken- und Wandmalereien, 15. und 16. Jh.; berühmtes Chorgestühl, 1501 bis 1507), und die ebenfalls evangelische gotische Frauenkirche (15. und 16. Jh.) mit sehr gut erhaltenen Fresken (15. und 16. Jh.), die zu den besten gotischen Wandmalereien in Süddeutschland zählen. Städtisches Museum im spätbarocken Hermannsbau (1766; Stadtgeschichte, geöffnet tägl. außer mo von Mai bis Okt.), im barocken Parishaus (1736) die Gemälde des einheimischen Malers der Neuen Sachlichkeit, Max Unold (1885–1964; geöffnet mi nachm. sowie sa und so vorm.).
Alljährlich Ende Juli der Memminger Fischertag, alle vier Jahre das Wallensteinfest in historischen Kostümen

(wieder 1996). Sitz des Schwäbischen Landestheaters, Konzerte, Ausstellungen. Frei- und Hallenbad. Eisstadion (auch Sommer).
❶ Fremdenverkehrsamt, Marktplatz 3, 87700 Memmingen.

Ottobeuren ③

Der Kneippkurort ist vor allem durch seine barocke Klosteranlage bekannt. Die Benediktinerabtei wurde 764 gegründet und erhielt 1268 die Reichsunmittelbarkeit. 1711 begann der vollständige Neubau des Klosters, zunächst die um drei Höfe gelagerten Konventbauten, deren Höhepunkte der Kaiser- und Kapitelsaal und die Bibliothek sind. Mit der Errichtung der Klosterkirche zur Heiligen Dreifaltigkeit wurde letztendlich Johann Michael Fischer betraut, der bis 1760 den in seiner Raumwirkung überwältigenden Bau aufführte; die Ausstattung zog sich bis 1766 hin (Stuck und Plastik Johann Michael Feichtmayr, Malerei Johann Jakob und Franz Anton Zeiller). Reichsstift-Museum mit Filialgalerie der Bayerischen Staatsgemäldesammlung (tägl. geöffnet).
Weltberühmt die Ottobeurer Konzerte. Freibad, Hallenbäder; Golf, Loipen. Wandern (auch geführt), lohnend nach *Stephansried* (nördlich gelegen).
❶ Kurverwaltung, 87724 Ottobeuren.

Kronburg ④

Das wehrhaft aussehende gleichnamige Renaissance-Schloß (Ursprung um 1200; Umbauten um 1500 und um 1700, 1994/95 restauriert) über dem Ort bietet einen großartigen Rundblick über den Illerwinkel (Privatbesitz, Schloßkonzerte Mai bis Okt., Gästehaus). Das kleine Schloßmuseum zeigt Möbel, jahrhundertealte Stuckdecken und Tapeten (nach Vereinb. geöffnet, Tel. 08394/271).
In *Illerbeuren* zeigt das Schwäbische Bauernhofmuseum mit und in rund 20 Gebäuden das bäuerliche Leben der Vergangenheit im schwäbischen Voralpengebiet: Es werden Handwerks- und bäuerliches Gerät, Hausrat und auch Ziergegenstände präsentiert. Angeschlossen das Schwäbische Schützenmuseum und eine Außenstelle des Deutschen Brotmuseums Ulm (alle tägl. geöffnet). In *Lautrach* (westlich) das Schloß der Kemptner Fürstäbte (1781; Privatbesitz, heute Managementzentrum) mit barocker Gartenanlage.
❶ Gemeindeverwaltung, 87758 Kronburg.

Grönenbach ⑤

Als junger Mensch verdiente sich hier Sebastian Kneipp als Knecht den abend-

lichen Lateinunterricht beim Pfarrer; heute ist der Markt Kneippkurort. Ihn besaßen nach 1260 die Reichsmarschälle von Pappenheim und die Fugger, und 1695 richteten die Fürstäbte von Kempten im Renaissanceschloß (13. und 16. Jh.) ein Pflegeamt ein (Privatbesitz, Besichtigung jeden 2. Do 16 Uhr). Ebenfalls Renaissance das ›Schlößle‹ (Ursprung 14. Jh.), Witwensitz der Pappenheimer. In der gotischen Pfarrkirche St. Philipp und Jakob (15. Jh., romanische Krypta) eine teilweise barocke Einrichtung und gute Renaissance-Grabdenkmäler.
Freibad; Fahrradverleih, naturkundliche Exkursionen. Loipen, Eislaufen; Pferdeschlittenfahrten. In der »Badischen Weinstube« schwäbische Küche.
❶ Kurverwaltung, 87730 Grönenbach.

Legau ⑥

Der von bäuerlichem Leben geprägte Markt ist Hauptort im Illerwinkel. Am Ortsrand die barocke, vor allem im Innern sehenswerte Wallfahrtskirche Maria Schnee (1715; Doppelaltar mit spätgotischem Gnadenbild, um 1520). Nördlich die Rokoko-Wallfahrtskirche *Maria Steinbach* (1749–1768) mit hervorragender Ausstattung (Stuck und Plastik Johann Georg Üblher, Fresken Franz Georg Hermann) und einem der hiesigen Wallfahrt gewidmeten Museum (geöffnet so 10–11 Uhr).
Freibad. Wandern im Iller- und Rothistal.
❶ Verkehrsamt, 87764 Legau.

Altusried ⑦

Der Markt und Erholungsort ist durch seine seit 1879 stattfindenden Freilichtspiele (alle vier bis fünf Jahre Juni bis August, Informationen beim Verkehrsamt) bekannt, doch spielt man auch jedes Jahr von Oktober bis April volkstümliche Stücke im ›Allgäuer Theaterkästle‹. Sehenswert die gotische Pfarrkirche St. Blasius und Alexander (15. Jh., im 17/18. Jh. barockisiert) im Ort und die gotische St.-Michaels-Kirche in *Krugzell* (um 1500). Zu den ›Industriedenkmälern‹ ist die historische Knochenstampfmühle zu rechnen, in der Knochen zu Futtermehl verarbeitet wurden. Schaukäsen wie zu Großvaters Zeiten wird im Käse- und Flachsmuseum vorgeführt, verbunden mit einer Führung (von Mai bis Sept. jeden Fr 14.30 Uhr; Anmeldung beim Verkehrsamt). Frei- und Hallenbad, Freizeitpark mit Ponyreiten, Rudern (Verleih); Fahrradverleih. Wandern (auch geführt), auch zum Illerdurchbruch mit der Burgruine Kalden. Loipen; Pferdeschlittenfahrten.
❶ Verkehrsamt, 87452 Altusried.

A1

An der von Füssen kommenden Deutschen Alpenstraße reihen sich Pfronten, Oy-Mittelberg und Wertach in einem schönen Feriental. Hier ›beginnen‹ die Berge, bauen sich Tannheimer Gebirge und Allgäuer Alpen auf. Hier beherrscht der Wintersport die eine Jahreshälfte, finden Bergwanderer im Sommerhalbjahr herrliche Tourenmöglichkeiten vor. Und für die Freunde nasser Vergnügungen glänzt der Grüntensee. Ein Stück Tirol gehört auch dazu: die Enklave Jungholz, die nur von deutschem Gebiet Straßenanschluß hat.

Foto: Im Pfrontener Tal liegt Berg mit seiner barocken Pfarrkirche.

Fuß der großen Berge

△ Zum Breitenberg bei Pfronten... ...zieht es die Gleitschirmflieger ▽   Bei der Osterhütte: Gipfelkreuz des Breitenbergs ▽

In Pfronten kann man sich im Schnitzen versuchen ▽

42

△ In Österreich, aber nur von Deutschland aus zu erreichen: Jungholz

△ Pfronten: Apostelfiguren in der Kappeler Martinskirche   Weit entfernt von einem Traumschloß: Ruine Falkenstein ▽

Die Aufklärung einer noch nicht gestellten Quizfrage

Wo ist Pfronten? Das könnte eine knifflige Quizfrage beim Unterhaltungsabend im Haus des Gastes sein. Eine zutreffende Antwort ist kaum möglich, im Pfrontner Tal aber wird es dennoch viele Antworten geben. Ist Pfronten in Ried, das als Hauptort des Tals gilt? Oder in Berg, das mit seiner herrlichen Barockkirche gern als Postkartenansicht Pfrontens dient? Steinach könnte sich als Pfronten ebenfalls sehen lassen, im Gegensatz zu Falkenstein, das trotz seiner einst das Tal beherrschenden Burg nicht zählt und als Einöde geführt wird – die Burg ist ja auch Ruine. Ein Blick in die Geschichte zurück bringt Aufklärung. Einen Ort namens Pfronten gibt es nicht, wohl aber eine jahrhundertealte Talschaft, die heute die Gemeinde Pfronten bildet. Schön gelegen ist sie, dort, wo das hügelige Allgäuer Voralpenland endet und die ›richtigen‹ Berge anfangen. Eben ›ad frontes Alpium Juliarum‹, wie eine frühmittelalterliche, natürlich lateinische Ortsbezeichnung lautete – frei übersetzt ›am Rand der Alpen‹.

Sie kamen nur für Sonderrechte
Zwar gab es bereits in römischer Zeit eine Straße durch das Tal, die von Kempten nach Reutte und damit zur großen Südnord-Verbindung führte. Doch so recht schien es mit der Besiedlung im dichten Bergwald nicht voranzugehen. Jedenfalls entschlossen sich die geistlichen Herrn in Augsburg vor über 700 Jahren, zur Rodung bereite Bauern mit außergewöhnlichen Freiheiten zu locken. Selbstbewußt müssen diese ›Freien Gotteshausleute‹ gewesen sein, die ihre Sonderstellung 1459 im ›Pfrontener Göttlichen Recht‹ niederlegten und es nicht nötig fanden, in den Bauernkrieg zu ziehen.

Beinahe ein ›Märchenschloß‹
Kaum ein Gast Pfrontens läßt sich einen Ausflug auf den

43

△ Freibadevergnügen auch im Winter: Nesselwang

△ Winterliches Nesselwang

△ Auf der Alpspitze

△ Von der Alpspitzbahn: Blick auf den Grüntensee ▽

△ Das Gemeindegebiet von Oy-Mittelberg ... ... reicht bis an den Grüntensee ▽

Falkenstein entgehen, den 1268 Meter hohen Bergrücken mit seiner großartigen Alpensicht. Zum Hotel dort oben führt eine Straße hinauf. Die hat 1884 kein anderer als Bayernkönig Ludwig II. anlegen lassen, dazu auch eine Wasserleitung. Der König wird dabei aber keineswegs an einen künftigen Tourismus gedacht haben. Außer Neuschwanstein wollte er vielmehr ein zweites ›Märchenschloß‹ haben, eben Falkenstein, zumal ja aus dem Mittelalter noch Reste einer wehrhaften Burg vorhanden waren. Auf ihr hatten einst die augsburgischen Pfleger, wie die Verwalter damals genannt wurden, gesessen.
Im Museum auf Herrenchiemsee kann man das Modell besichtigen, und es gibt auch eine gemalte Skizze von Christian Jank. Da wäre ein wahres Prachtstück ins Pfrontener Tal gekommen, diesmal – als Abwechslung zum ›romanischen‹ Neuschwanstein – in Form einer ›wilden gotischen Raubritterburg‹. Ein Magnet für ein internationales Reisepublikum. Aber auch ohne Raubritterburg kommen noch genügend Urlauber nach Pfronten. Die einen möchten sich hier erholen, die anderen fahren in Richtung Süden vorbei.
Die letzte Planung für Ludwigs Traumburg Falkenstein stammt übrigens aus dem März des Jahres 1886. Drei Monate später beendete des Königs Tod das Märchenschloß-Bauen.

Der Wertacher Schimmelreiter

Ein Schimmelreiter ist landläufig nur aus Theodor Storms gleichnamiger Novelle bekannt, deren Handlung an der Nordseeküste spielt. Der Markt Wertach im Allgäu hat aber auch so einen Reiter auf weißem Pferd, der nun schon 500 Jahre sein Seelenheil zu gewinnen sucht. Die Sage erzählt darüber, daß der Pfarrer Doktor Ulrich Bach, der in Wertach auch als Medikus und Richter tätig war, einen Schiedsspruch im Grenzstreit zwischen Wertach und Jungholz zu fällen hatte. Ein Bauer, der dabei viel zu verlieren fürchtete, drohte dem Pfarrer und Richter mit dem Tod. Da soll

△ Sulzbergs Burgruine gilt als größte und schönste des Allgäus

△ Wertach zeigt mit seiner alten Hammerschmiede den ersten Schritt des Schmiedehandwerks zum heutigen Industriebetrieb ▽

△ Den Wertachern ist Weißlacker ein Diplom wert

△ Ein winterlicher Ausflug nach Österreich: . . .   . . . Pistenleben in Jungholz ▽

Binational: die Schrofen-Hütte ▽

der ängstliche Doktor Bach seinem Gewissen für den parteiischen Schiedsspruch ein Schlupfloch geschaffen haben. Er streute Erde aus seinem Garten in seine Schuhe und steckte den Trink-Schöpfer seines Brunnens unter den Hut. So konnte er die umstrittene Alpe den Wertachern zusprechen, indem er sagte: ›So wahr ich einen Schöpfer über mir habe, stehe ich hier auf Wertachs Boden.‹
Und wer nun nächtens Sturmheulen hört, obwohl heiteres Wetter herrscht, oder andere ungewöhnliche Vorkommen bemerkt, der ist mit größter Wahrscheinlichkeit diesem Rechtsverdreher auf seinem Bußritt über Berg und Tal begegnet.

Wertachs zwei ›Duftnoten‹
Der Grünten ist zwar nicht weit von Wertach entfernt, doch als dessen Hausberg gilt nun mal das Wertacher Hörnle. Es steht, wie zwei Drittel der Landschaft um den Marktflecken, unter Natur- oder Landschaftsschutz. So können am Hörnle erfreulicherweise noch ganze Berghänge voller Alpenrosen blühen, die, auch Almrausch genannt, bekanntlich zu den Heidekrautgewächsen gehören.
Ganz anderer Natur ist ein ›Duftwunder‹, das ein Wertacher in die Welt gesetzt hat: der Weißlacker. Auch der gehört zu einer Gattung, und zwar zu den ›halbfesten Schnittkäsen‹. 1874 kam dieser ›Sohn des Limburger‹ in der Käserei des Milchhändlers Josef Kramer in Wertach zur Welt. Noch heute rätselt man, ob es Kramers Forschungsdrang war oder ob dieser den erwünschten ›Limburger‹ einfach nur falsch angesetzt hatte. Der ›Weißlacker‹ jedenfalls schlug bei der Kundschaft bestens ein, wurde immer mehr bestellt.
In der Fachsprache wird der Wertacher Spezialkäse in bezug auf Geruch und Geschmack als ›stark pikant bis scharf‹ bezeichnet. Wer in Wertach ist, sollte ihn einmal probieren. Schließlich lassen sich Reisende in Tibet sogar Tee mit ranziger Butter hinstellen.

47

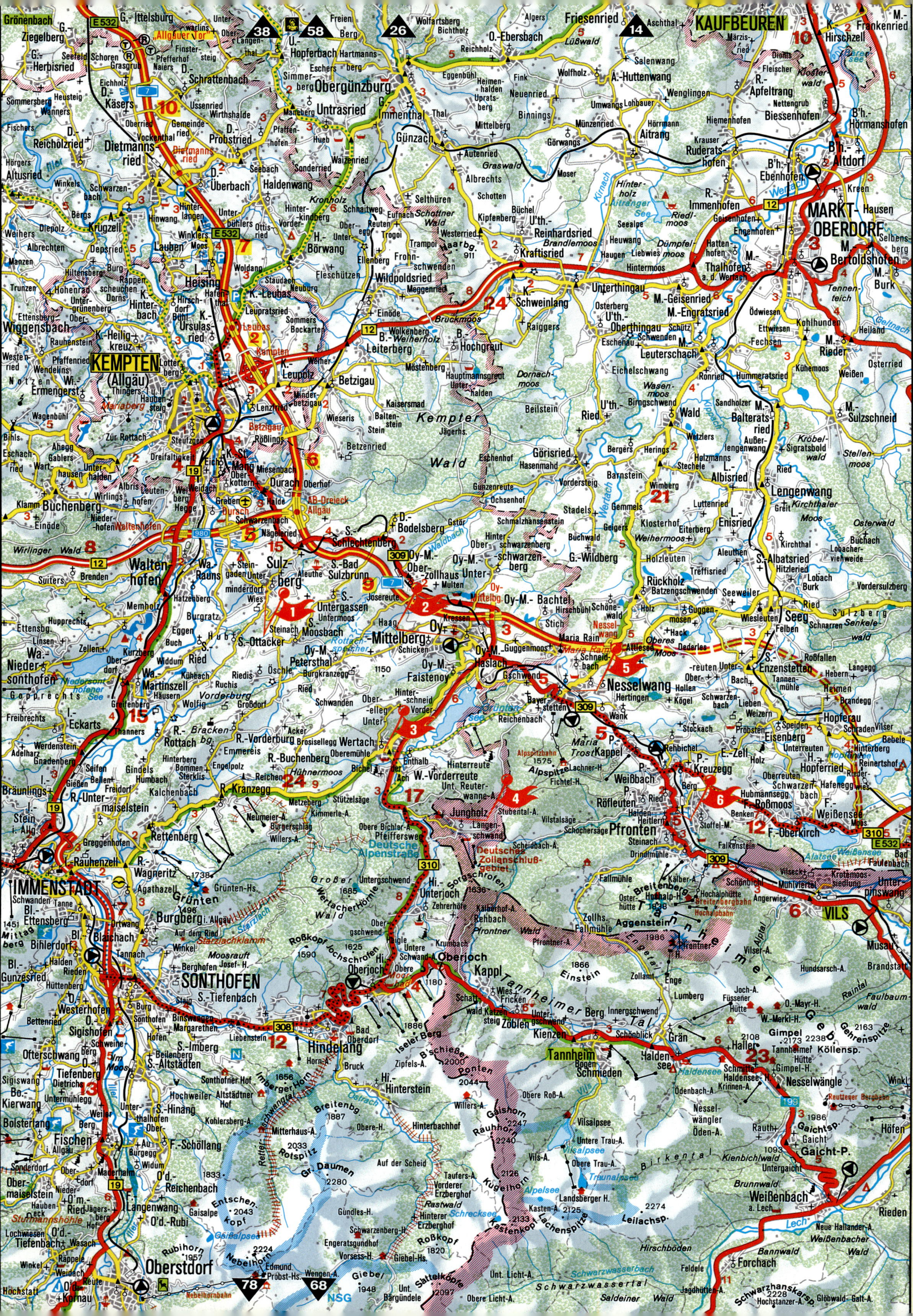

Wo gibt es was?

Fähnchennummer = Textnummer   ❶ = Auskunft

Sulzberg ①

Marktflecken und Erholungsort, dessen Burg (heute größte und schönste Ruine des Oberallgäus) schon 1059 als Besitz der Fürstabtei Kempten erwähnt wurde (Museum mit Führungen). Aus der ehemaligen Kapelle des 1480 zum Schloß erweiterten Baus stammt ein spätgotischer Flügelaltar (um 1480), der (in der südlichen Seitenkapelle) das Prunkstück der gotischen Pfarrkirche St. Trinitatis bildet (um 1420; mehrfach, zuletzt im 20. Jh., neubarock verändert). Frei- und Strandbad, Surfen, Rudern (Verleih), Tennis; Fahrradverleih; Wandern (auch geführt). Lifte, Loipen, Eislaufen.
❶ Verkehrsamt, Rathausplatz 4, 87477 Sulzberg.

Oy-Mittelberg ②

Der Kneipp- und Luftkur-Doppelort wurde 1182 bzw. 1227 erstmals genannt und lag einst an der wirtschaftlich wichtigen alten Salzstraße von Tirol ins Bodenseegebiet. Zu Beginn des 20. Jh. kamen die ersten ›Sommerfrischler‹. Sehenswert die ursprünglich gotische Pfarrkirche St. Michael in Mittelberg (1335, 1769 umgebaut) mit Barockfresken von Franz Anton Weiß; im Hochaltar (1849) ein wertvolles Gemälde des aus Reutte in Tirol stammenden Barockmalers Franz Anton Zeiller (1769; der heilige Michael als Bezwinger Luzifers). In *Maria-Rain* (östlich gelegen) die gotische Wallfahrtskirche Zu unserer Lieben Frau (1496, im 17. und 18. Jh. verändert), deren bedeutender Hochaltar verschiedene Stilperioden vereint; an der Rückwand dieses Schreinaltars eine eindrucksvolle Darstellung des Jüngsten Gerichts. Das gotische Gnadenbild, eine sitzende Muttergottes, stammt aus der Zeit um 1490. In *Petersthal* (westlich gelegen) wurde die ursprünglich gotische Pfarrkirche St. Peter und Paul 1699 und 1755 umgebaut und barockisiert (Deckenfresken des Langhauses von Franz Anton Weiß, 1755); in der Kirche auch eine wertvolle Prozessionsfigur, Christus auf dem Palmesel (um 1310). Strandbäder, Segeln, Surfen, Rudern (Verleih); Fahrradverleih; Wandern (auch geführt). Lifte, Loipen, Eislaufen, Naturrodelbahn.
❶ Kur- und Verkehrsamt, Wertacher Straße 11, 87466 Oy-Mittelberg.

Wertach ③

Luftkurort und Wintersportplatz. Die barocke Pfarrkirche St. Ulrich ist 1893 ausgebrannt; nichts blieb von der Einrichtung bis auf den Tabernakel von 1770. Die Rokoko-Kapelle St. Sebastian (1763) hat ihren Ursprung in den Pestzeiten des 16. Jh.; sie wird auch die ›Kleine Wies‹ genannt (Deckengemälde von Franz Anton Weiß). Heimatmuseum (geöffnet mi nachm.) und historische, 300 Jahre alte Hammerschmiede. Wertach gehört zu den Viehscheid-Orten; nach Absprache ist die Sennerei zu besichtigen (Informationen bei der Touristikinformation). 1961 wurde zur Stromerzeugung die Wertach gestaut; der entstandene Grüntensee ist heute ein beliebtes Wassersportgebiet der umliegenden Gemeinden. Frei-, Hallen- und Strandbad; Segeln, Surfen und Rudern (jeweils Verleih); Fahrradverleih; Wandern (auch geführt), lohnend im Gebiet des Wertacher Hörnle mit Alpenrosenblüte und auf die Reuter Wanne. Lifte, Loipen, Naturrodelbahn; Pferdeschlittenfahrten.
❶ Touristikinformation, Rathausstraße 1, 87497 Wertach.

Jungholz ④

Der Luftkurort gehört staatlich zum österreichischen Bundesland Tirol, ist aber deutsches Zollanschluß- und Währungsgebiet, da er nur von deutscher Seite zu erreichen ist. Sehenswert ist die barocke Pfarrkirche ›Unserer Lieben Frau Namen‹ (1743, erweitert 1787/88 und 1888) mit Fresken von Franz Anton Weiß und modernen Glasmalereien (1954).
Holzschnitzkurse. Freibad; Wandern (auch geführt), Aussichtsberg Sorgschrofen, Klettergarten. Lifte, Loipen. Lohnend eine Wanderung zum Alpengasthof »Reuterwanne«.
❶ Verkehrsverband, 87491 Jungholz.

Nesselwang ⑤

Luftkurort und Wintersportplatz, bekannt als Austragungsort Nordischer Skiwettkämpfe und als Heimat von Franz Keller, dem Olympiasieger von 1968 (Grenoble) in der Nordischen Kombination. Nur mehr Ruine ist die namengebende Nesselburg (13. Jh.). Sehenswert die Pfarrkirche St. Andreas, ein imposanter Bau des Neubarock (Ferdinand Schildhauer, 1904–1906) mit einigen Ausstattungsstücken der Vorgängerkirche. Als bedeutende Marienwallfahrtskirche gilt die barocke Maria Trost. Sie wurde 1662 als Kapelle (heutiger Chor) begonnen und bis 1725 zur jetzigen Größe ausgebaut (Deckengemälde von Franz Anton Weiß, 1756–1759, und Matthäus Günther, um 1770). Ursprung der Wallfahrt war ein Muttergottesbild, das nach einem Brand (1633) im niederbayerischen Markt Regen unversehrt gefunden wurde. In Nesselwang aufgestellt, wurde es bald zu einem beliebten Pilgerziel. 1732 kam es nach Maria Plain bei Salzburg und ist in der Kirche Maria Trost nur noch als Kopie vorhanden.
Nesselwang gehört zu den Viehscheid-Orten. ›Alpspitz-Bade-Center‹ mit Hallenbad samt Heißwasserbecken, Römischem Dampfbad sowie im Sommer auch ›Insel-Strandbad‹ und beheizten Freibecken, weitere Strandbäder, Segeln, Surfen; Fahrradverleih; Wandern (auch geführt), Naturlehrpfad, Alpspitzbahn (2 Sektionen, 2400 m), eine der längsten Sesselbahnen Deutschlands. Lifte, Loipen, Sprungschanze, Naturrodelbahn. Umfangreiches Kinder-Ferienprogramm. Lohnend ein Ausflug auf die Alpspitz (Sport-Heim Böck).
❶ Gästeinformation im Rathaus, Hauptstraße 18, 87484 Nesselwang.

Pfronten ⑥

Der Luftkurort mit seinen 13 weit auseinanderliegenden Ortsteilen in einem sieben Kilometer langen Tal geht auf Rodungssiedlungen des 13. Jh. zurück: Die ›Freie Gottesleute‹ genannten Bauern konnten ihre vom Fürstbistum Augsburg gewährten weitgehenden Sonderrechte während des ganzen Mittelalters bewahren. Aus dem Tüftlerwesen des einst vor allem im Winter sehr abgelegenen Tals entstanden bekannte feinmechanische Betriebe. Auf dem *Falkenstein* (1268 m) die Ruine der gleichnamigen Burg (höchstgelegene Burgruine Deutschlands; lohnende Aussicht). Sehenswert vor allem die barocke Pfarrkirche St. Nikolaus in *Berg* (1687–1696), deren imposanter Turm 1749 seine heutige Höhe und Form erhielt; die Fresken im Chor (Abendmahl), im Langhaus (Glorie des heiligen Nikolaus) und über der Westempore (König David) schuf 1780 Josef Anton Keller. Die gotische Martinskirche in *Kappel* (15. Jh., 1657 und 1776 umgebaut) hat frühklassizistischen Stuck und eine bemalte Emporenbrüstung, ein Werk des einheimischen H. L. Bössinger (1670). Im Haus des Gastes auch eine Kunstkammer, in der vor allem ländliche Wohnkultur gezeigt wird. Alpenblumengarten in *Steinach*.
Kneipp- und Schrothkur. Frei- und Hallenbad (›Alpenbad Pfronten‹); Fahrradverleih, Drachenfliegen; Wandern (auch geführt), Breitenbergbahn (Gondelbahn) und Sesselbahn zur Hochalpe (1500 m). Lifte (Worldcup-Skirennen), Loipen, Kunsteisstadion (auch Sommer); Pferdeschlittenfahrten.
❶ Kur- und Verkehrsamt, 87459 Pfronten.

Kempten,

An jedem Mittwoch bestimmen auf der Süddeutschen Butter- und Käsebörse im ›Haus der Milchwirtschaft‹ Angebot und Nachfrage den Preis für diese gerade im Allgäu bedeutsamen Produkte. Auch die schiere Größe von 62 000 Einwohnern macht die Stadt nicht zur Metropole dieser Region. Die Mischung aus wirtschaftlicher Bedeutung und kulturellem Angebot ist es, die Kempten von den anderen Allgäu-Orten abhebt. Dabei blieb diese Stadt an ihren Rändern ländlich und gemütlich, geht mit Weilern und Einöden nahtlos über in die grüne Landschaft des Oberallgäuer Alpenvorlandes, das sich auf dem Buchenberg und im stillen Weitnauer Tal von seiner besten Seite zeigt.

Foto: Die Allgäuer Festwoche versteht sich als ›Schaufenster des Allgäus‹ und ein bißchen Oktoberfest.

ie ländliche Metropole

△ Die Kemptener Residenz besitzt manchen Prunkraum, wie das üppige Konferenzzimmer ▽

In seiner relativen Strenge macht St. Lorenz deutlich, daß er zum frühen Barock gehört ▽

Am Kornhaus vorbei geht der Blick zur Stiftskirche St. Lorenz ▽

△ Die Allgäuer Festwoche ist auch eine Wirtschaftsmesse

△ Vor dem Zumsteinhaus, einst von der Familie de la Pierre errichtet, werden zur Allgäuer Festwoche die Alphörner geblasen ▽

Kempten, die Doppelstadt und Allgäu-Metropole

Zur gotischen ›Keckkapelle‹ über dem rechten Illerufer muß der Besucher hinauf. Dort ist der brandende Verkehr des Kemptner ›Wegkreuzes‹ zwar schon recht nahe, trotzdem fühlt man sich wie auf einer unangreifbaren Insel. Auch ist es nicht weit zum Lindenberg, wo der ›APC‹, der Archäologische Park Cambodunum, die römische Vergangenheit zutage treten läßt. Vor allem aber liegt einem, jenseits der Iller, die Stadt zu Füßen. Eigentlich sind es zwei Städte, eine geistliche und eine weltliche. Das Kempten der Fürstäbte ragt mit den zwei Türmen und der glänzenden Kuppel der barocken Stiftskirche St. Lorenz rechts aus dem Häusergewirr, die Freie Reichsstadt Kempten wird zur Linken vom spitzbehelmten Turm der evangelischen Stadtpfarrkirche St. Mang markiert. Im Guten lebten sie früher kaum miteinander, die beiden Kempten. So halfen die Reichsstadtbürger freudig mit, als die Schweden im Dreißigjährigen Krieg die Stiftsstadt zerstörten. Ein Jahr später, 1633, konnten dafür die ›Stiftischen‹ zuschauen, wie das Heer der kaiserlich-katholischen Partei die Bürgerstadt heimsuchte. Noch 1803, als beide Kempten an Bayern kamen, war man sich so wenig grün, daß erst ein königliches Machtwort aus den zwei Städten endlich eine einzige machte, die dann zur heutigen Allgäu-Metropole heranwachsen konnte.

Die Altstadt hat viele Freunde

Zur Metropole wird Kempten vor allem im Sommer, wenn sich das Allgäu auf seiner Festwoche präsentiert. Längst hat sich die 1949 als ›Wirtschaftsförderungsmaßnahme‹ ins Leben gerufene Veranstaltung verselbständigt. Noch immer kommen Zehntausende zum Kaufen – aber auch zum Schauen. Trachtengruppen sorgen dafür, daß der Jeansgeneration die bunte Kleidung der Vergangenheit nicht nur in Museen

△ Aus dem Hofgarten mit der Orangerie wurde Kemptens Stadtgrün

△ Die Freitreppe, zur Überwindung der Teilung Kemptens angelegt, führt hinauf zum 1593 erbauten ›Schlößle‹ △ Kemptens Theatervorhang   Immer wieder umgebaut: das Rathaus ▽

1764 errichtete Rokokopracht: Londoner Hof ▽

Bei Wengen steht noch dieser römische Meilenstein ▽

Aus dem römischen Götterhimmel: Herkules ▽

begegnet. Und endlich kann der Interessierte auch einmal hinein in die barocke Residenz der Fürstäbte, um dann weiter in die vom heiteren Bau der Orangerie abgeschlossene Hofgartenanlagen mit ihrem Blumenschmuck zu bummeln und in das ganze Stiftsviertel mit seiner großzügigen Weite. Warum aber steht gegenüber der prachtvollen Residenz ein Warenhaus-Kasten, der einer Landestation auf dem Mars Ehre machen würde? ›Vorher war es hier noch häßlicher, als da der Schlachthof stand‹, lautet die Antwort.

Den Reichsstadtbereich schmücken herrliche Fassaden: Renaissance am Rathaus, Barock und Rokoko an Patrizierhäusern, dem Londoner Hof, dem Ponikauhaus, den Königschen Häusern. Und dann erfolgt mitten in dieser Altstadt, die man zu Fuß in fünf Minuten durchqueren kann, dank eines klotzigen Parkhauses erneut die Ernüchterung. Das wurde einst gelobt, als man vor drei Jahrzehnten den Begriff ›Stadtsanierung‹ augenscheinlich anders auffaßte als heute. Vielleicht hätte man so weiter ›saniert‹, wäre da nicht 1977 die ›Altstadt-Traudl‹ auf den Plan getreten, Tochter einer Milchhändlerin, aufgewachsen und dageblieben in der Altstadt, auch zu einer Zeit, als es alle Welt ins Grüne zog. Die ›Altstadt-Traudl‹ (so wird sie heute in der Stadt genannt, und ihr Inkognito soll hier nicht gelüftet werden) gründete den Verein der Altstadt-Freunde, der allein schon durch seine Existenz manches Umdenken im Rathaus bewirkte. Seitdem wird zwar fleißig weitersaniert, aber nun zugunsten eines Lebensraums Altstadt.

<u>Das Schönste am Theater</u>
Kultur war in Kempten schon vor 2000 Jahren kein Fremdwort. Der Besuch im Archäologischen Park macht das klar. Und die Freude am Theaterspiel währt nun auch schon Jahrhunderte: 1654 wurden erstmals im Obergeschoß des Salzstadels Vorstellungen gegeben. An gleicher Stelle steht heute das Stadttheater.

△ Blick von Diepolz aus dem Alpenvorland auf die Allgäuer Alpen   Rokokopracht in Wiggensbach ▽

△ Vor dem Wiggensbacher »Gasthof zum Kapitel«: Illertaler Trachtengruppe

△ Alaska im Allgäu: Schlittenhunderennen bei Buchenberg

△ Eschacher Weiher bei Buchenberg ...   ... und Niedersonthofener See bei Waltenhofen ▽

Wer sich eine Karte kauft, muß es ja nicht so halten wie Bayernkönig Ludwig I. bei einem Besuch der Stadt. Am Schluß einer Festvorstellung fragte man den Monarchen, was ihm an diesem Abend am besten gefallen habe. ›Der Vorhang‹, antwortete lakonisch der König, der als Verehrer schöner Frauen bekannt ist. Der Vorhang, auf dem der einheimische Maler Franz Sales Lochbihler 1828 einen tanzenden Musenreigen dargestellt hat, ist noch immer vorhanden. Modell für die luftig gekleideten Musen standen Kemptener Schönheiten – der König ist schon zu verstehen.

Alpinismus – im Museum
Eine Erwähnung verdient auch die neueste museale Errungenschaft Kemptens. Das Alpinmuseum zeigt die ganze Kulturgeschichte der Alpen, vor allem des Alpinismus, und scheut sich auch nicht, mit ›Hybridformen des Bergsteigens‹, zu denen neuerdings die Sucht des Mountain-Bikings gehört, ins Gericht zu gehen.
Kempten ist gewiß der richtige Ort für ein Alpinmuseum, ist es doch eine ausgesprochene Bergsteigerstadt, was sich traurigerweise auch von den vielen Grabsteinen auf dem Kemptener Friedhof ablesen läßt, die an verunglückte Alpinisten erinnern.

Das ganz große ›Miniland‹
Auf dem Weg von Kempten über den Buchenberg nach Isny liegt das Dorf Wengen. Dort ist ganz Deutschland, von der Nordseeküste bis zum Gebirge, sozusagen ›handlich‹ in einer 750 Quadratmeter großen Halle untergebracht. Sogar die Zuschauer haben darin noch Platz. Auch wer sonst nicht viel für Modelleisenbahnwelten übrig hat, wird an der technisch-künstlerischen Fleißarbeit seine Freude haben. Denn neben 170 Loks und 990 Waggons – als 59 Züge auf 1500 Metern Schienen – beleben 9000 kleine Menschlein, 1400 Autos, 17 000 Laub- und 26 000 Tannenbäume, dazu 1150 Modellgebäude die Miniaturlandschaft. Wer da Staub wischen muß ...

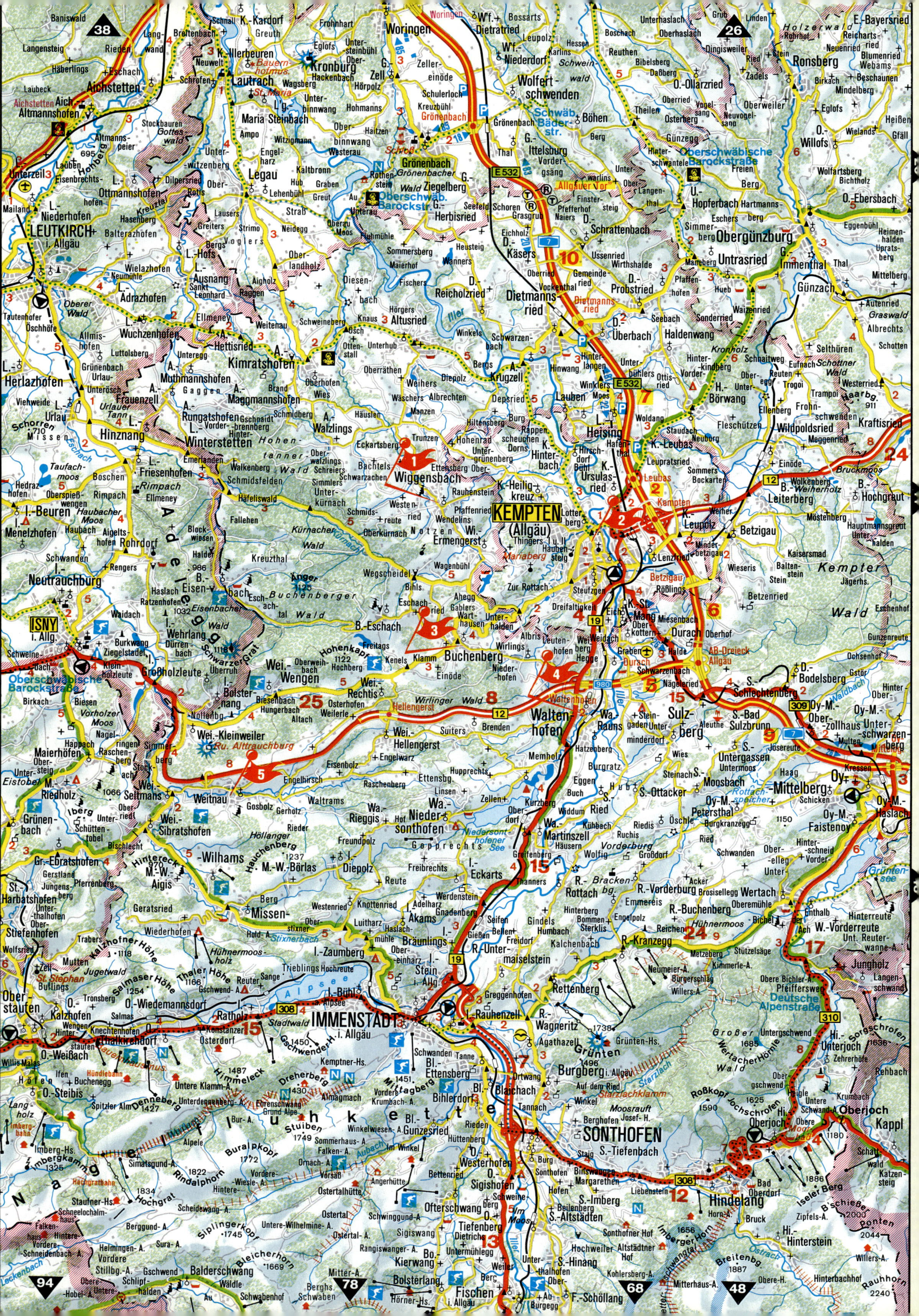

Wo gibt es was?

Fähnchennummer = Textnummer ❶ = Auskunft

Wiggensbach ①

Der Markt- und Erholungsort überrascht mit der Pfarrkirche St. Pankraz: Ihr Innenraum ist ein hervorragendes Beispiel des ausklingenden Barock, nüchterner und sachlicher, als man es von der Erbauungszeit dieser Kirche (Johann Georg Specht, 1770–1777) gewöhnt ist; die sehr guten Fresken schuf Franz Joseph Hermann. Im 1994 im ›WIZ‹ (Wiggensbacher Informationszentrum) eröffneten Heimatmuseum historische Objekte (u. a. religiöse Volkskunst, Schneiderhandwerk, Fotografie, mi 14–16 Uhr, so ganztags geöffnet). Freibad; Golf, Tennis, Wandern (auch geführt), Aussichtsberg Blender (1072 m). Lift; Kutschfahrten.
❶ Verkehrsamt, Kempter Straße 3, 87487 Wiggensbach.

Kempten ②

Die Stadt ist mit ihrem Industrie- und Gewerbepotential und ihrem Schul- und Kulturangebot die Metropole des Allgäus. Die bekannte Geschichte begann mit einer keltischen Siedlung, deren Name Cambodunum von den Römern übernommen wurde, als diese unter Kaiser Tiberius (14–37 n. Chr.) auf dem Lindenberg eine städtische Siedlung anlegten. Nach Alemannen-Einfällen (233 und 259) zogen sich die Römer auf die kleinere, aber leichter zu verteidigende Burghalde zurück.
Mitte des 8. Jh. entstand aus einer St. Galler Missionsniederlassung ein Kloster, das von den Karolingern (vor allem der Kaiserin Hildegard von Schwaben, der zweiten Gemahlin Kaiser Karls des Großen) üppig mit Gütern ausgestattet wurde.
Nach den Ungarneinfällen des 10. Jh. neuer Aufbau des Klosters auf dem Gelände des heutigen Stifts; am bisherigen Platz am Illerufer (um St. Mang) wuchs eine Bürgerstadt. Kaiser Karl IV. bestätigte 1360 den Abt als Reichsfürsten und 1361 die Bürgerstadt endgültig als Reichsstadt. 1527 schloß sich diese der Reformation an, vertiefte dadurch die Kluft zum Stift, die bis zum Anschluß an Bayern (1803) bestehen blieb. 1811 wurden beide Kempten zu einer Stadt vereint, die vor allem durch den Eisenbahnbau (1852) bedeutenden wirtschaftlichen Auftrieb erhielt.
Stifts- und Bürgerstadt haben noch heute ein völlig unterschiedliches Erscheinungsbild. Hauptsehenswürdigkeit ist der Komplex der einstigen Fürstabtei mit der ehemaligen Stiftskirche St. Lorenz. Residenz und Kirche waren der erste größere Barockbau in Süddeutschland nach dem Dreißigjährigen Krieg; 1651 begann Michael Beer, Gründer der ›Vorarlberger Schule‹, die Residenz, 1652 den Kirchenbau. 1654 löste ihn der Graubündner Johann Serro ab. Wuchtig die Doppelturmfassade der Kirche, eindrucksvoll das Langhaus und der überkuppelte Chor (Stuck Johann Zucalli, Fresken Andreas Asper, 1662/63; Hochaltar 1684). Bemerkenswert ein Ast-Kruzifixus (um 1350) unter der Westempore, ein ›Kreuzträger‹ (um 1525, vermutlich Jörg Lederer) unter der Kanzel und das Chorgestühl mit großartigen Scagliola-Bildern (Stuck-Intarsien) einer unbekannten Wiener Stukkateurin (1666–1670); interessant die zwei Rokoko-Seitenaltäre am Chorbogen von Johann Georg Üblher (1760).
In der Residenz (1651–1664; heute zum Teil Landgericht, nur zugänglich während der Festwoche) die Prunkräume des Fürstabtes Anselm Reichlin von Meldegg (1734–1742, Stuck und Plastik von den Wessobrunnern Johann Schütz und Johann Georg Üblher, Malerei vom Hofmaler Franz Georg Hermann), wobei der Thronsaal den Höhepunkt bildet. Die Orangerie (1780) ist heute Stadtbibliothek. Evangelisch die gotische Stadtpfarrkirche St. Mang (1426 bis 1440; Rokokostuck von 1768), davor der St.-Mang-Brunnen (Jugendstil; Georg Wrba, 1905). Etwas außerhalb (nordwestlich) die barocke Wallfahrtskirche Heiligkreuz (1711 und 1733) mit freistehender ›Blutsäule‹.
In der Altstadt das gotische Rathaus (1474, im 19. Jh. verändert) mit schönem Renaissance-Brunnen (1601). Repräsentative Patrizierhäuser, vor allem das Ponikauhaus (1570–1574; Fassade und großartiger Festsaal Rokoko, 1740/41). Ein Renaissance-Bau ist das historische Kornhaus (um 1700). Im klassizistischen Zumsteinhaus (1802) sind die Römische Sammlung Cambodunum und eine Naturwissenschaftliche Sammlung untergebracht (mo geschl.), im historischen Marstallgebäude das Alpinmuseum mit der Alpenländischen Galerie (Bergmalerei; mo geschl.). Archäologischer Park Cambodunum (APC) im Stadtteil Lindenberg (mo sowie Jan. und Febr. geschl.) mit teilweise rekonstruiertem gallorömischen Tempelbezirk und ›Kleinen Thermen‹. Beim Allgäuer Burgenverein (Westendstraße 21) die Ausstellung ›Burgen im Allgäu‹ (geöffnet so 10 bis 12 Uhr).
Theater, Konzerte und Ausstellungen; Mitte August ›Allgäuer Festwoche‹, im April/Mai ›Kemptener Jazz-Frühling‹. Frei- und Hallenbad; Fahrradverleih, Mariaberg (905 m) als Wanderziel. Loipen, Lift, Eislaufen.
❶ Amt für Tourismus, Rathausplatz 4, 87435 Kempten.

Buchenberg ③

In einem Waldstück ist noch deutlich der Rest einer Römerstraße zu sehen, die einst beim heutigen Markt und Höhenluftkurort vorbeizog. Im Stil des Übergangs von Rokoko zum Klassizismus die Pfarrkirche St. Magnus (1792 bis 1793) mit vorzüglicher Ausstattung. Eschacher Weiher, Badeufer (FKK-Insel) und Landschaftsschutzgebiet. Fahrradverleih; Wandern (auch geführt), lohnend die Naturschutzgebiete Hölzlers- und Rohrbachtobel sowie das Kreuzthal. Lifte, Loipen (bedeutendes Langlaufzentrum), Sprungschanze; Schlittenhunderennen im Februar. Haus des Gastes mit med. Bäderabteilung, Freizeitanlage am Moorweiher (Minigolf, Tennis).
❶ Verkehrsverein, Rathaussteige 2, 87474 Buchenberg.

Waltenhofen ④

Die Gemeinde liegt rund um den nach dem 800jährigen *Niedersonthofen* benannten See. Sehenswert die Martinskirche in Waltenhofen (Rokoko, 1765 bis 1770; gotischer Taufstein von 1501) und im über 700 Jahre alten *Martinszell* (gotisch, 15. Jh.; 1770–1780 barockisiert; im Chor Holzkruzifixus, um 1530). Von der Burg Langenegg bei Martinszell (um 1200) blieben nur Reste des Wohnturms und der Ringmauer.
Frei-, Hallen- und Strandbad, Segeln, Surfen, Rudern; geführte Wanderungen, Fahrradverleih. Loipen, Rodeln, Eislaufen; Pferdeschlittenfahrten. Im »Adler« zu Martinszell kocht man auch traditionell allgäuerisch.
❶ Verkehrsamt, 87448 Waltenhofen.

Weitnau ⑤

Der Markt (seit 1838) und Erholungsort gehörte vom 15. Jh. bis 1803 den Habsburgern; in einem immer noch stillen Bachtal, trotz der nahen Schnellstraße. In der neugotischen Pfarrkirche St. Pelagius (1872) fünf spätgotische Schnitzfiguren (die Heiligen Pelagius, Agnes, Maria Magdalena, Johannes der Täufer und, am linken Seitenaltar, eine Muttergottes), die der berühmten Werkstatt des Ulmer Meisters Hans Multscher nahestehen. Bei der Boschensäge der ›Miniaturpark Allgäu‹ (tägl. geöffnet; 6. Nov. bis 3. Dez. geschl.).
In *Wengen* (nordöstlich gelegen) die Modelleisenbahnanlage ›Miniland‹ (tägl. geöffnet Mitte März bis Okt.).
Bauerntheater. Freibad; Drachenfliegen; Fahrradverleih; Wandern (auch geführt). Lifte, Loipen, Rodeln; Pferdeschlittenfahrten.
❶ Verkehrsamt, 87480 Weitnau.

Sanftes Braun

Immenstadt mit dem glitzernden Wasser des Alpsees, Oberstaufen mit seiner Fastnacht, Sonthofen mit den nahen Gipfeln der ›Hörnertour‹ und Hindelang, wo im Tourismus neue Wege beschritten werden – das sind die Hauptziele in den Tälern der Oberen Iller und der bescheideneren Konstanzer Ache. Zwar bleiben die ganz großen Berge der Allgäuer Alpen hier nur in Sichtweite. Doch landschaftliche Schönheit rechnet sich nicht nach Meereshöhe. Und der höchst markante Grünten ist auch mit seinen ›nur‹ 1738 Metern einer der lohnendsten Aussichtsberge im ganzen Allgäu.

Foto: Im Frühherbst wird das Alpvieh zu Tal getrieben; nicht nur in Hindelang ist dann der Viehscheid ein Volksfest für Einheimische und Urlaubsgäste.

ieh, sanfter Tourismus

△ Ein letztes Mal öffentlich: Bartkönig-Wettbewerb 1990 in Immenstadt

△ Piraten-Regatta auf dem Großen Alpsee

△ Auch an Immenstadts Zentrum steht eine Mariensäule

Thalkirchdorf bei Oberstaufen ▽

△ Manchmal klappern die Webstühle: Knechtenhofen

Preise für den Vollbart, Schmuck für die Leitkuh

Alle Jahre wieder hatte Ende September der Berglerball gezeigt, daß der Bergsommer vorüber war. Dann trafen sich in Immenstadt in aller Öffentlichkeit die ›Älpler‹, die Hirten und Sennen also, die von Mitte Juni an mit ihren Viehherden oben auf den Alpen gewesen waren. Und weil ihnen in der Abgeschiedenheit vom Talleben der Bart mächtig gewachsen war, wollte man feststellen, wer nun den schönsten haarigen Gesichtsschmuck hatte, und einen Bartkönig küren.
Wer 1990 dabei war, hat dieses traditionsreiche Fest zum letzten Mal erlebt. Die Bergler wollen nicht mehr. Der Rummel war ihnen zu groß geworden. Zwar vergnügt man sich auch künftig nach dem Viehscheid, doch kommen dazu nur noch die Bergler und ihre Familien — wie einst vor Jahren, als aus Erleichterung über den glücklichen Abschluß der Alpsaison gefeiert wurde und nicht als Folklore.

Fastnachtbräuche ganz anders
Die Kurgäste Oberstaufens könnten auch eine Prämierung veranstalten. Da ginge es allerdings nicht um den Bart, sondern um jene Pfunde, die man abnehmen kann, wenn man sich an die Kurvorschriften hält, die der mährische Landwirt Johann Schroth vor gut 150 Jahren aufgestellt hat: Schwitzen, Fasten und dabei noch guter Dinge sein.
Allzu überschwenglicher Laune sollten die Kurgäste von Oberstaufen allerdings nicht gerade am Fastnachtsdienstag sein, zumindest nicht auf den Straßen. Dort wird zwar ›Fasnatziestag‹ im festlichen Umzug gefeiert, doch tragen die Burschen und Mädchen von Oberstaufen dabei die schöne Tracht ihrer Heimat. Und hinter einer Fahne geht es zur Pfarrkirche, wo feierlich verlesen wird, daß sich wieder einmal das Verschwinden der Pest aus dem Tal jährt. Damals, im Winter 1635, hatte der Herr von

△ ›Fasnatziestag‹ in Oberstaufen: Auch an windigen Tagen... ...hat der ›Butz‹ bei allen die Pest auszukehren ▽

63

△ Herrliche Aussicht als Lohn: Rauhhorn-Gipfel

Der gotische Palmesel in der Bad Oberdorfer Kirche ▽

△ Bei der Gunzesrieder ›Bergkirbe‹ wird original alpenländisch geblasen ▽

△ Von Sonthofen aus ein schönes Wanderziel: ... ... die Starzlachklamm ▽

Hindelangs Kurhaus verbindet traditionelle und moderne Bauweisen ▽

Königsegg zu einem Festmahl auf sein Schloß geladen – eine Feier, die alljährlich neu auflebt. Ein Narr ist zwar auch mit von der Partie am ›Fasnatziestag‹. Doch wird der als ›Butz‹ verlacht und verspottet, muß die besiegte Pest darstellen. Nach dem Kirchenzug geht es zum Frühschoppen, dann zum Festmahl. Eine würdige ›Française‹ wird getanzt, ganz sittsam. Erst, nachdem um sechs Uhr abends der Butz ›gestorben‹ ist, wird es beim Tanz richtig fröhlich.
Also, bitteschön, nicht ›Helau‹ schreien, wenn der Fasnatziestag-Zug durch Oberstaufen marschiert. Aber abends zum Tanz ist alles herzlich eingeladen.

Konstanz – mitten im Allgäu
Das Tal zwischen Oberstaufen und dem Alpsee wird Konstanzer Tal genannt. Der Fluß, der den Alpsee füllt, ist die Konstanzer Ache. Und ein Dorf in der Talmitte heißt Konstanzer. Was hat Konstanz, das ja am Bodensee liegt, mitten im Allgäu verloren? Ein Patrizier aus Konstanz, Johann Habißrütiner mit Namen, hatte den großen Hof im heutigen Dorf Konstanzer geerbt, lebte hier bis zu seinem Tod im Jahr 1599 und liegt neben seiner Frau, die aus Isny stammte, bei St. Johann in Thalkirchdorf begraben. Doch für die Einheimischen blieb er der ›Konstanzer‹. Reich muß er gewesen sein, hat er doch in seinem Haus mehrmals den Erzherzog von Tirol ›mit seinem ganzen Comitat‹ zu Gast gehabt. Zu diesem ›Comitat‹ gehörten übrigens außer Gefolge und Dienerschaft auch an die 300 Pferde.

›Bergkirbe‹ und Viehscheid
Wer auf der Alpe – die als Wort im alemannischen Sprachraum die gleiche Bedeutung hat wie Alm im bayerischen –, in der Sennerei oder beim Holzfällen hart arbeiten muß, feiert auch gern. Ein Anlaß dazu ist im herrlichen Gunzesrieder Tal beispielsweise die ›Bergkirbe‹, eine Kirchweih unter freiem Himmel, fromm und fröhlich, wie es sich gehört.

65

△ Der Kopfschmuck signalisiert einen glücklich verlaufenen Alpsommer, wenn es frühmorgens zu Tal geht... ▽ ...von der Willers-Alpe bei Hinterstein, wo noch Käse hergestellt wird ▽

Mit dem Käsetuch wird die eingedickte Masse aus dem Kessel geholt; ... ▽

...nach dem Pressen folgt die Lagerung: Szenen aus der Käseherstellung ▽

△ Herrliche Ausblicke lohnen die Bergtour zum Rauh- und Geishorn

Ostrach-Wehr bei Bad Oberdorf ▽

Ein Fest ist auch aus dem Viehscheid geworden – wenn auch manch altgedienter Meisterhirt der Meinung ist, daß nicht unbedingt Tausende zusammenlaufen müssen, nur weil er und seine Kollegen einige Tausend Rindviecher nach 100 Tagen des Alpsommers wieder zu Tal bringen. Früher war man mehr unter sich, Hirten, Bauern und Vieh. Aber der Tourismus hat viel verändert, auch den Viehscheid.

Zur Allgäunatur gehört Bergkäse
Von Hindelang geht im Allgäu eine neue Art Urlaub aus. Naturschützer werben um Feriengäste, die zur Umwelt wieder ein richtiges Verhältnis haben, auf Tourismus-Rummel verzichten und sich lieber auf geführten Wanderungen zeigen lassen wollen, was da kreucht, fleucht und wächst. Und Hindelanger Bergbauern haben sich über das Förderprogramm ›Öko-Modell Hindelang‹ vertraglich verpflichtet, ihr Land schonend zu behandeln, ohne Kunstdünger und Pflanzenchemie und, wenn nötig, auch wieder mit der Sense. Von Jahr zu Jahr werden es mehr Bauern, die sich überzeugt haben, daß sie auf diese Weise nicht nur die Natur schützen, sondern auch ihre Erzeugnisse besser verkaufen können. Vielleicht wird es auf diese Weise in Zukunft auch wieder mehr Senn-Alpen im Allgäu geben, auf denen köstlicher Bergkäse gemacht wird. Der ist, gleich dem Emmentaler, ein Hartkäse, aber kleiner. Emmentaler und Bergkäse sind übrigens reinste Naturprodukte. So darf und kann nur Milch von Kühen verwendet werden, die kein Silofutter gefressen haben. Und immer noch bestimmen Erfahrung und persönlicher Geschmack des Senners die späteren Eigenarten des Käses.
Wer Glück hat, ergattert ein Stück von einem Laib Bergkäse, der ein Jahr gelagert hat – eine Delikatesse. Aber wer kann Käse schon so lange lagern? Wie sagt ein Allgäuer Sprichwort: ›Dr Beattlakas u' d'richa Föhl ladd ba it riff weara‹ – Den Käse der Bettler und die reichen Mädchen läßt man nicht reif werden.

67

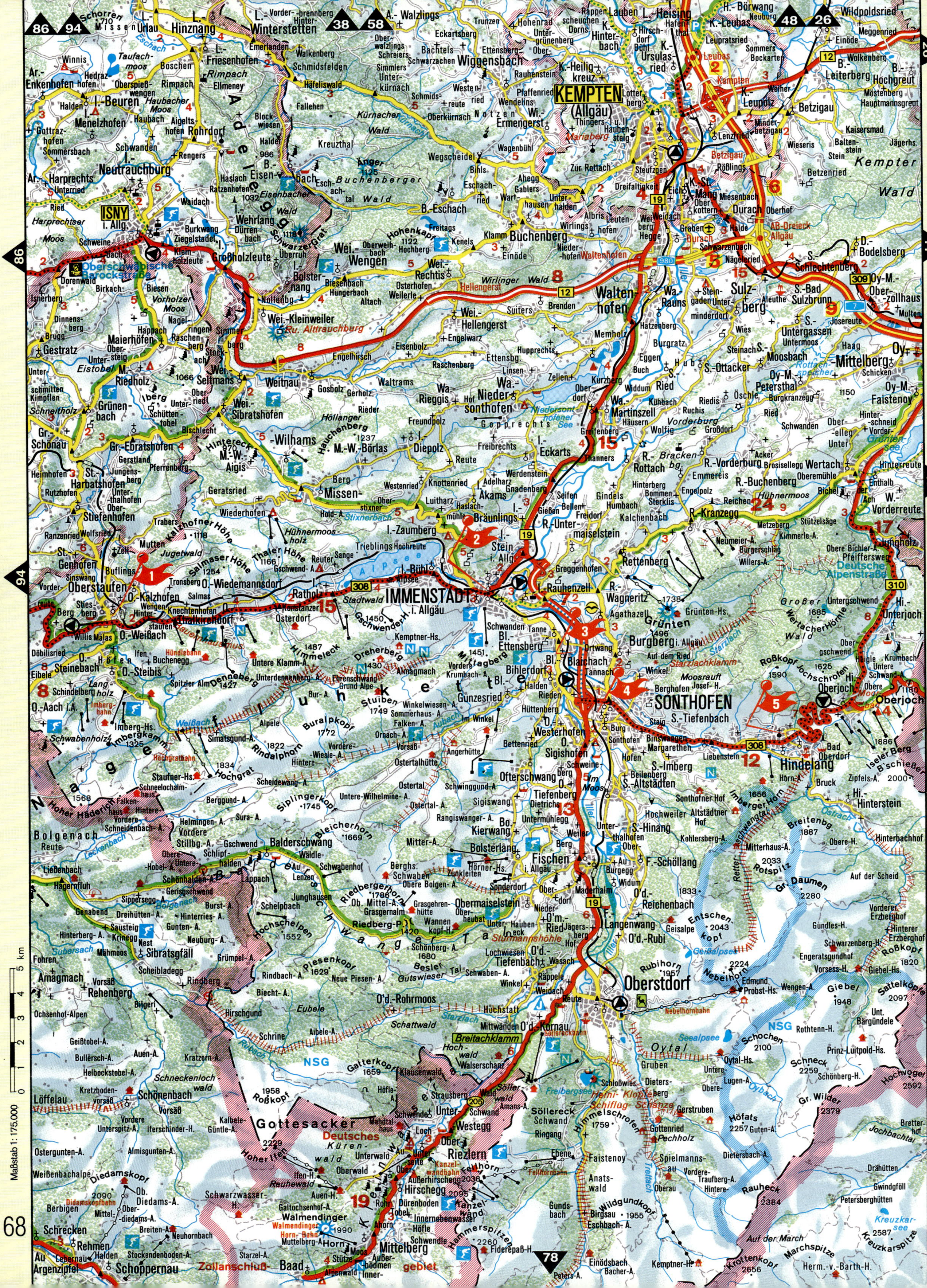
86
94
38
58
48
26
KEMPTEN (Allgäu)
ISNY i. Allg.
IMMENSTADT i. Allgäu
SONTHOFEN
Oberstdorf
Hindelang
Oberstaufen
Waltenhofen
Sulzberg
Buchenberg
Wiggensbach
Weitnau
Missen
Wertach
Oberjoch
Fischen i. Allgäu
Bolsterlang
Obermaiselstein
Ofterschwang
Blaichach
Burgberg i. Allgäu
Rettenberg
Grünten
Alpsee
Bühl
Thalkirchdorf
Riezlern
Hirschegg
Mittelberg
Baad
Sibratsgfäll
Rehmen
Schoppernau
Schröcken
Gottesacker
Nagelfluhkette
Adelegg
Kempter Wald
Rindalphorn
Hochgrat
Hochschelpen
Riedbergpaß
Breitachklamm
Nebelhorn
Rubihorn
Entschenkopf
Gr. Daumen
Hochvogel
Schneck
Widderstein
Hoher Ifen
Fellhorn
Söllereck
Kanzelwand
Zollanschluß gebiet
Oytal
Jochpaß
Iseler
Unterjoch
Deutsche Alpenstraße
Oberschwäbische Barockstraße
Maßstab 1:175.000
0 1 2 3 4 5 km
78

Wo gibt es was?

Fähnchennummer = Textnummer   ❶ = Auskunft

Oberstaufen ①

Bereits 868 genannt, ist der Markt (seit 1453) Hauptort einer weitläufigen Gemeinde sowie heilklimatischer und Schrothkurort, zudem ein bedeutender Wintersportplatz.
Oberstaufens neugotische Pfarrkirche St. Peter und Paul (1858–1862) beherbergt einen beeindruckenden spätgotischen Kruzifixus (Ende 15. Jh.). In *Zell* die St.-Bartholomäus-Kirche (14. Jh., um 1440 erweitert) mit wertvollen spätgotischen Chorfresken (um 1450, aus der Werkstatt Hans Strigels d. Ä., eines Mitgliedes der für das Allgäu bedeutenden Memminger Künstlerfamilie Strigel). Die ursprünglich spätgotische Johanniskirche in *Thalkirchdorf* erhielt ihre spätbarocke Ausstattung um 1767. Gotisch die Stephanskirche bei *Genhofen* mit Fresken und vielen Votiv-Hufeisen (Stefan ist der Schutzheilige der Pferde).
Auf der Waltnersalpe eine Bergkäserei (nach Vereinb. zu besuchen); volkskundliche Sammlungen, auch über das Sennereiwesen, sind im ›Museum Im Strumpferhaus‹ (Eröffnung Herbst 1995, Öffnungszeiten bei der Kurverwaltung) zu sehen. Ein Bauernhausmuseum gibt es in *Knechtenhofen* (geöffnet nach Vereinb.; östlich gelegen).
Oberstaufen und Thalkirchdorf sind Viehscheidorte. Bauerntheater. Frei- und Hallenbäder, Panoramabad ›Aquaria‹; Kanu- und Wildwasserfahren; Golf; Fahrradverleih; Wandern (auch geführt), Hochgrat-Gondelbahn, Sesselbahnen zum Imberg und zur Hündlealpe. Lifte, Loipen, Rodeln; Pferdeschlittenfahrten.
❶ Kurverwaltung, Schloßstraße 8, 87534 Oberstaufen.

Immenstadt ②

Die Stadt (seit 1360) der Herren von Königsegg-Rothenfels blühte vor allem durch Salz- und Leinwandhandel, kam 1805 an Bayern. *Bühl*, am bei Wassersportlern beliebten Alpsee gelegen, ist Luftkurort.
Trotz mehrerer Brände hat sich das Stadtbild Immenstadts mit den geräumigen Marienplatz mit dem Schloß (1602–1610, Südtrakt 17./18. Jh.; heute Behördensitz), dem Rathaus (1649) und der Mariensäule (1773) gut erhalten. Im Heimatmuseum Hofmühle (so und mo geschl.) wird die Immenstädter Geschichte lebendig. Von den Burgen Rothenfels und Hugofels sind nur noch Ruinenreste übrig.
Sehenswert in Bühl am Alpsee das barocke, an einem Hang aufgebaute Ensemble der Pfarrkirche St. Stephan und der Loreto-Wallfahrtskapelle (beide 1666/67); die Stephanskirche hat eine Unterkirche mit der Nachbildung des Heiligen Grabes, dem Loretokirchlein (bedeutende Nachbildung der Fresken von Loreto, Italien) ist die Annakapelle (1716) angebaut.
Immenstadt ist Viehscheidort. Im Ortsteil *Diepholz* ist eine Sennerei zu besichtigen, auf der Alpe Hochried eine Käserei (nach Vereinb. geöffnet).
Frei-, Hallen- und Strandbad, Segeln; Surfen und Rudern (jeweils Verleih); Fahrradverleih; Wandern (auch geführt), Sesselbahn zum Mittagberg, Aussichtsberg Stuiben. Lifte (›Alpsee-Skizirkus‹ in Ratholz), Loipen, Eislaufen und Eissurfen, Rodeln.
❶ Städtisches Gästeamt, Marienplatz 3, 87509 Immenstadt im Allgäu.

Blaichach ③

Blaichach mit dem Gunzesrieder Tal ist wie auch die Nachbargemeinden *Ofterschwang* und *Bolsterlang* (beide südlich gelegen) als Ferienort und Wintersportplatz bekannt. Als bemerkenswerter Bau der Neuromanik (1903/04) gilt die Blaichacher Martinskirche. In *Gunzesried* ist die Sennerei zu besuchen (nach Vereinb.).
In Gunzesried ist im Juli ›Bergkirbe‹, im September eine große Viehscheid und am Martinstag in Blaichach Umzug mit Pferdesegnung. Bauerntheater. Freibad, Wasserskilift; Fahrradverleih; Wandern (auch geführt), bekannt und beliebt ist der Panoramaweg der ›Hörnertour‹; sie führt als Bergwanderung und Skitour vom Allgäuer Berghof über das Ofterschwanger, Sigiswanger und Rangiswanger Horn nach Bolsterlang (ca. 3 Std.). Lifte, Loipen; Pferdeschlittenfahrten; die Doppelsesselbahn zum Allgäuer Berghof in Gunzesried hat nur Winterbetrieb.
❶ Gästeamt, 87544 Blaichach.

Sonthofen ④

Der Luftkurort und Wintersportplatz, mit den Nachbargemeinden *Burgberg*, *Rettenberg* und *Kranzegg* (nordöstlich) rund um den Grünten gelegen, erhielt 1429 Marktrecht (Stadt seit 1963). 1935 wurde die sogenannte Ordensburg (heute Generaloberst-Beck-Kaserne) als Ausbildungsstätte der Eliteeinheiten des Dritten Reiches gebaut, dem Sonthofen schwere Kriegsschäden ›verdankte‹. Heute ist die Stadt der Verwaltungssitz des Landkreises Oberallgäu.
Als sehenswert gilt die Stadtpfarrkirche St. Michael aus gotischer Zeit (1549 bis 1552, 1738–1742 barokisiert und erweitert) mit prachtvollem Hochaltar (1758/59). In Burgberg die barocke Pfarrkirche St. Ulrich (1754–1773); das Deckenfresko zeigt die Schlacht auf dem Lechfeld 955. Die ursprünglich mittelalterliche Filialkirche St. Agatha in *Agathazell* (1613 umgebaut) hat interessante Wandmalereien aus der Gotik (frühes 15. Jh.). In *Berghofen* die Leonhardskirche mit einem großartigen gotischen Schreinaltar (1438) Hans Strigels d. Ä. Das Sonthofener Heimatmuseum zeigt Sammlungen zur Erd- und Ortsgeschichte, Alpsennerei und Nagelschmiede (Okt. bis Mitte Nov. geschl.).
Im Nordosten Sonthofens liegt die Ruine Fluhenstein (1362), einst Burg der Herren von Heimenofen.
Alle drei Jahre (wieder 1996) am Faschingssonntag in Sonthofen das Egga-Spiel, bei dem die Darsteller Holzmasken tragen und eine Hexe ihr Unwesen treibt.
Frei- und Hallenbad; Fahrradverleih; Wandern (auch geführt), Bergwanderung von Burgberg auf den Grünten, Besuch der Starzlachklamm. Lifte, Loipen, Eislaufen (Stadion); Pferdeschlittenfahrten, Tennis- und Squashhallen.
❶ Gästeamt, 87527 Sonthofen.

Hindelang ⑤

Der Markt (seit 1429), heute heilklimatischer und Kneippkurort (mit Moorbädern), blühte im Mittelalter durch den Erzabbau im Hintersteiner Tal und durch Salzhandel auf. Auch heute hat er eine gute Verkehrslage an der Deutschen Alpenstraße, die mit vielen Kehren zum Oberjoch hinaufführt. Fast 60 Prozent der Gemeindeflächen gehören zum Naturschutzgebiet Allgäuer Hochalpen; seit 1990 wird der ›sanfte Tourismus‹ besonders gefördert.
Große Sehenswürdigkeit ist die Kirche Mariä Himmelfahrt und St. Jodok in *Bad Oberdorf*; der Neubau (1937/38) enthält ein Hauptwerk des Kaufbeurer Meisters Jörg Lederer, einen Schreinaltar von 1519, dazu ein Tafelbild der Muttergottes (Marienkrönung) von Hans Holbein d. Ä. (1493), 1935 entdeckt, und einen Palmesel (um 1470) aus der Schule Hans Multschers.
Das einstige Jagdschloß (1646–1665), ein dreigeschossiger Bau in der Ortsmitte, dient seit 1921 als Rathaus; es beherbergt auch die Kleine Hindelang-Galerie. An die vergangenen ›Erzzeiten‹ erinnert die alte Hammerschmiede.
Freibäder (Hochmoor-Schwimmbad); Fahrradverleih; Sesselbahnen zur Hornalpe und zum Iseler. Lifte, Loipen, Rodeln, Eislaufen; Pferdeschlittenfahrten. Eigene Mineral-Schwefelquelle hat das traditionsreiche »Prinz-Luitpold-Bad«.
❶ Kurverwaltung, Marktstraße 9, 87541 Hindelang.

Ganz

Vielen Besuchern bleibt es fast verborgen, daß sie einen Ausflug nach Österreich unternehmen, wenn sie hinüber ins Kleinwalsertal fahren — was verzeihlich ist, da dieses Vorarlberger Tal sich in vielem nach Deutschland orientiert. So kommt der Titel der südlichsten Gemeinde Deutschlands Oberstdorf zu, dem meistbesuchten Ferienort in Bayern, umgeben von herrlichen Wanderbergen. Beeindruckend hoch türmen sich die Riesen des Hochallgäus auf, doch sind sie vielerorts auch für Nichtalpinisten gut bezwingbar.

Foto: Auf der Kanzelwand, dem beliebten Ski- und Aussichtsberg des Kleinwalsertales.

n Süden Deutschlands

△ Fischen: Etwas abseits vom Ortszentrum steht (links) die frühbarocke Liebfrauenkapelle ▽   Nur etwas Kondition als Voraussetzung: ›Hörnertour‹ bei Bolsterlang ▽

Kässpatzen sind ein ›Muß‹ im Allgäu ▽

72

△ Die Fischinger sind stolz auf die Architektur ihres Kurhauses

△ Obermaiselstein am Eingang zum Balderschwanger Tal   Gute Laune macht es leichter: Skikurs in Balderschwang ▽

Touristenrummel und Bergeinsamkeit zugleich

Oberstdorf thront geradezu in seinem Talkessel. Mächtige ›Vasallen‹ umgeben diese Urlaubsresidenz für Sommer und Winter: Die Fels- und Grasberge der Allgäuer Alpen entsprechen nun wahrlich den Vorstellungen vom Hochgebirge. Noch beeindruckender wird es, wenn man der Stillach nach Einödsbach folgt, wo in den paar Häusern die südlichsten Deutschen wohnen. Dort ist mit dem Talschluß eine prachtvolle Kulisse zu bewundern.

Einödsbach – der Name schlägt die Brücke zur Agrar- und Gemeindestruktur im Allgäu. Dem Urlauber fällt auf, daß er alle Augenblicke auf ein kleines Dorf, einen Weiler oder einen Einödhof stößt. Oberstdorf zum Beispiel besteht mit seinen 10 300 Einwohnern aus 13 Dörfern, ebenso vielen Weilern, 14 Einöden und vielen Alpen. Der Hauptort als Kern hat allein an die 9500 Bewohner, die restlichen 800 Oberstdorfer verteilen sich auf 40 weitere Ortsteile. Nun, das ist noch gar nicht viel. Altusried beispielsweise hat für seine 7800 Einwohner gar 164 Ortsteile.

Diese Struktur geht auf die einstigen geistlichen Herren im Allgäu zurück, die vom 16. bis ins 18. Jahrhundert hinein das Agrarwesen in ihren Gebieten verbessern wollten. Sie entvölkerten die üblichen Reihendörfer, schufen das, was sie ›Vereinödung‹ nannten, eine frühe Flurbereinigung also: Man setzte die Bauern aus den Dörfern mitten in ihre Flur. Heutige Flurbereiniger, darauf bedacht, den einzelnen Höfen mehr Platz in den oft eng gebauten Dörfern zu verschaffen, handeln ähnlich, überzeugen manchen Bauern, sich draußen in der Flur einen ›Aussiedlerhof‹ zu bauen, eine neue Einöde.

Kulttanz aus grauer Vorzeit
Alle fünf Jahre wird die große Oybele-Halle in Oberstdorf zum Schauplatz eines Kulttanzes, der

73

△ Hinter Oberstdorf ragt die Schattenbergschanze auf

Klettererfahrung braucht es hier schon: Hindelanger Klettersteig ▽

△ Für die Urlaubsgäste gibt es in Oberstdorf auch Straßenmusik und Stellwagenfahrten ▽

△ Am Zeigersattel: Blick auf den Seealpsee   Höher gehts kaum: Gleitschirmflieger nach dem Start vom Nebelhorn ▽

Zwischen Stillach- und Kleinwalsertal: Fiderepaß-Hütte am Mindelheimer Klettersteig ▽

an die 2000 Jahre alt sein soll. Nachweisbar ist er jedenfalls schon in einer Beschreibung des heiligen Columban aus dem Jahr 615. Damals war dieser Brauch in halb Europa verbreitet, erhalten hat er sich nur in den einst so abseits gelegenen Tälern um Oberstdorf.
Wild schauen sie tatsächlich aus, die zwölf Tänzer in der Oybele-Halle, gekleidet in Gewänder aus ›Tannenbart‹, einer Moosflechte, die sich die Teilnehmer aus den Hochwäldern holen. Frei bleiben nur die Augen. Auf dem Kopf tragen die ›Mändle‹ einen Kranz aus Stechholderblättern, um die Hüfte ist ein Gürtel aus jungen Tannenzweigen geflochten. Wenn sie nach den Klängen einer altertümlichen Musik die hergebrachten Figuren tanzen, meint man, der Bergwald sei nach Oberstdorf heruntergekommen.

Bergwandern, leichter gemacht
Wer im Oberstdorfer Gebiet als Wanderer ›auf der Höhe bleiben‹ will, hat es leichter als anderswo. Da gibt es zum Beispiel zwischen Bolsterlang und Blaichach die ›Hörnertour‹, einen ebenso harmlosen wie mit herrlicher Aussicht gesegneten Panoramaweg. Über die Grate der Hauptgipfel des Allgäuer Hochgebirges führen allerdings weit weniger harmlose Höhenwege, die der ›Normalverbraucher‹ nicht unterschätzen sollte. Trittsicherheit, absolute Schwindelfreiheit und ordentliche Ausrüstung sind das Minimum für die Siebentagetour vom Fellhorn übers Nebelhorn zum Geishorn. Das bekannteste Teilstück ist der nur drei Kilometer lange Heilbronner Weg, der mit Leitern und Drahtseilen gesichert ist. Den Mindelheimer und Hindelanger Klettersteig aber sollten wirklich nur geübte Bergsteiger benützen.
Beim heutigen Umwelt- und Naturbewußtsein wird freilich immer öfter die Frage gestellt, ob die insgesamt 60 Kilometer langen Höhenwege in den Allgäuer Hochalpen nicht doch zu viele Menschen und damit zu viel Unruhe in die einstmals so stillen Bereiche der Bergriesen bringen.

75

△ Im Hintergrund der Hohe Ifen: Terrasse des »Adlerhorstes«
Aus viel schönem Holz: Walserstube im Walsermuseum ▽

Im abgelegenen Schwarzwassertal ▽

△ Der älteste Ort im Tal: ...   ...Mittelberg besitzt noch viele Walserhäuser ▽

△ Wildromantisch: die Breitachklamm

Vom Walmendinger Horn blickt man hinüber zum Hohen Ifen ▽

Österreich für Deutsche Mark
Das Kleinwalsertal ist eine Besonderheit. Nicht nur wegen seiner vielfach gelobten schönen Landschaft und seiner überdurchschnittlich häufig lachenden Sonne. Das Tal ist österreichisch, und so wäre der logische Zugang zum Tal eigentlich vom Süden, von Vorarlberg aus, zu dem das Kleinwalsertal politisch auch gehört. Dennoch werden die wenigsten Urlauber einen der beiden schmalen Pfade nehmen. Sie sind zwar sehr reizvoll, am Widderstein vorbei, aber eben schon rechte Hochgebirgstouren. So betreten die meisten Besucher das Tal hinter der Breitachklamm an der Walserschanze, von Norden kommend. Und auch wirtschaftlich wird seit 100 Jahren dieser bequemere Weg genommen, denn seit 1891 ist das Tal deutsches Zollanschlußgebiet.

Für die Silberdistel
Die harte Kolonisierungsarbeit in dem waldreichen Hochgebirgstal versüßten die Landesherren den eingewanderten Bauern aus dem schweizerischen Wallis, als Spezialisten für Alpwirtschaft bekannt, mit zahlreichen Sonderrechten, zu denen auch eine weitreichende, seinerzeit sehr fortschrittliche Selbstverwaltung gehörte. Das war vor etwa 700 Jahren.
Das Besondere unserer Tage dokumentiert auf den ersten Blick die Silberdistel, die als Gütesiegel fortschrittliche Gastgeber auszeichnet. Man macht sich viele Gedanken zum ›sanften Tourismus‹ im Kleinwalsertal, gerade weil das Tal mittlerweile fast gänzlich von den Urlaubsgästen lebt. Allein auf Frühstücksmarmelade in Einwegverpackung zu verzichten reicht schon lange nicht mehr, sagt man sich hier. Dazu gehört mehr, etwa energiebewußtes Haushalten, chemielose Landschaftspflege oder ein Ende der Zersiedlung. Denn auch in Zukunft wollen die Leute aus dem Kleinwalsertal mit ›ja‹ auf die immer häufiger gestellte Frage antworten: ›Sind eure Luft und euer Wasser sauber, ist eure Landschaft unzerstört?‹

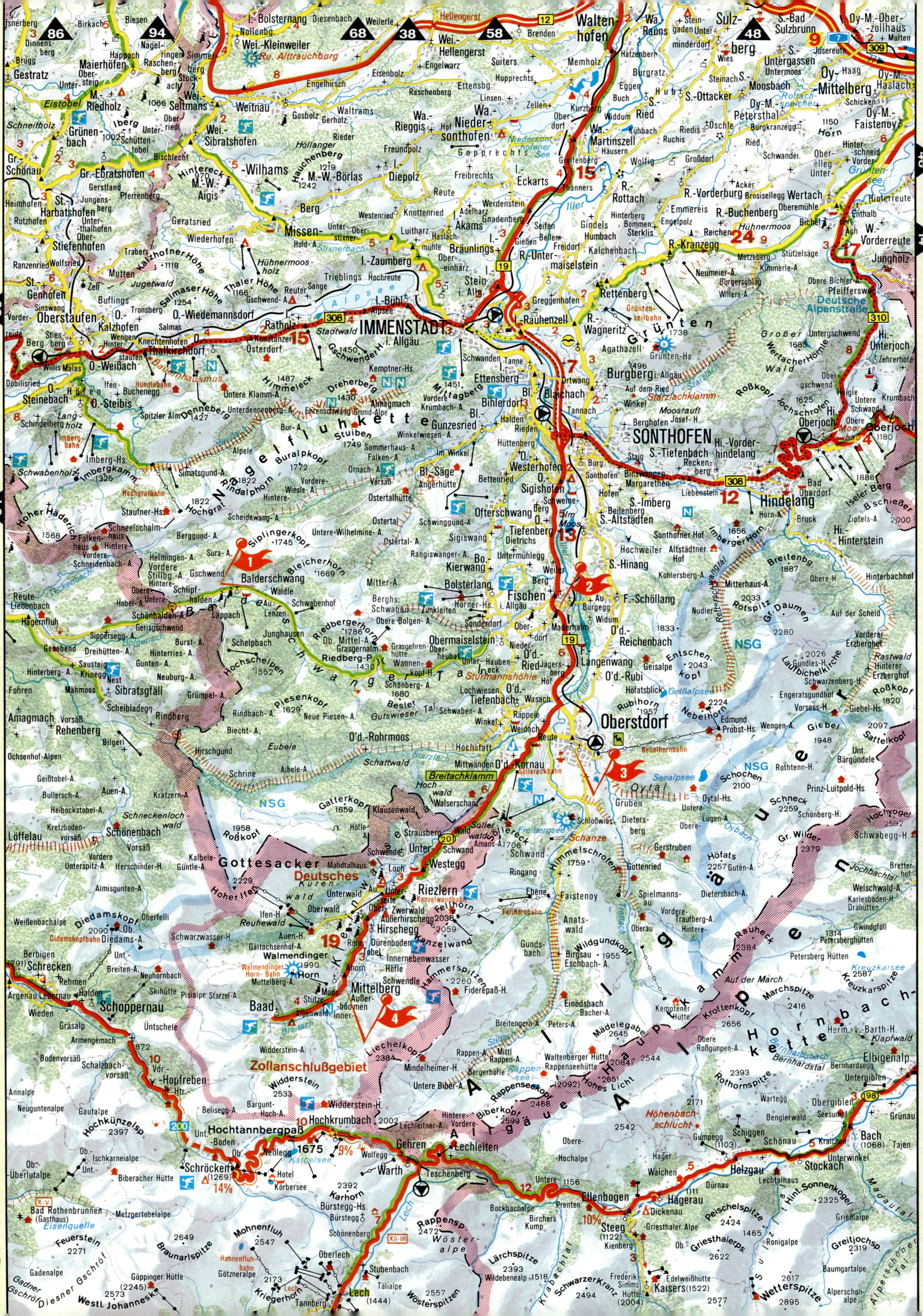
IMMENSTADT i. Allgäu
SONTHOFEN
Oberstdorf
Hindelang
Oberstaufen
Fischen i. Allgäu
Riezlern
Hirschegg
Mittelberg
Schoppernau
Schröcken
Warth
Lechleiten
Steeg
Holzgau
Bach
Oberjoch
Jungholz
Waltenhofen
Sulzberg
Oy-Mittelberg
Burgberg i. Allgäu
Blaichach
Rettenberg
Missen-Wilhams
Weitnau
Alpsee
Grünten
Nagelfluhkette
Gottesacker
Breitachklamm
Hochtannbergpaß
Zollanschlußgebiet
Allgäuer Alpen
Hauptkamm
Hornbachkette
Widderstein
Hoher Ifen
NSG
Maßstab 1:175.000
km

Wo gibt es was?

Fähnchennummer = Textnummer ❶ = Auskunft

Balderschwang ①

Die höchstgelegene Gemeinde (1044 m) Deutschlands, Sommerfrische und Wintersportort (meist schneesicher bis in den April), hat sich aus einer Alpsiedlung entwickelt. Das Balderschwanger Tal öffnet sich nach Westen in den Bregenzerwald (Vorarlberg, Österreich); von deutscher Seite ist es über den (im Winter nicht selten geschlossenen) Riedbergpaß zu erreichen. Ein großer Teil der Gemeindeflur steht unter Natur- und Landschaftsschutz. Fahrradverleih; geführte Berg- und Mountainbiketouren, Familienwanderungen mit Bergsennereibesichtigung. Lifte (FIS-Rennstrecken), Loipen (Allgäuer-Latschenkiefer-Grenzlandloipe, 45 km, grenzlandüberschreitend); Rodelbahnen.
❶ Verkehrsamt, 87538 Balderschwang.

Fischen ②

Der heutige heilklimatische Kurort wurde bereits um 860 genannt, war zunächst im Besitz des Klosters St. Gallen und kam 1485 zur Herrschaft Rothenfels. Die im Kern gotische Pfarrkirche St. Verena (1975 weitgehend umgestaltet) besitzt Bilder des Oberstdorfer Malers Claudius Schraudolph (1871). Sehenswert auch die frühbarocke Liebfrauenkapelle (1666–1684) des Vorarlberger Meisters Michael Beer, der hier seine Kemptener St.-Lorenz-Basilika im Kleinformat noch einmal erstehen ließ (Hochaltarbild von Johann Kaspar Sing, 1680; Gnadenbild, eine Pietà, um 1450). Seit 1985 sind wieder ›Säger‹ in der über 400 Jahre alten Obermühle am Werk (Sägemühle; Besichtigung Mai bis Sept. fr um 17.30 Uhr). Wasser schuf die Sturmannshöhle bei *Obermaiselstein* (geöffnet tägl. außer mo von Mitte Mai bis Mitte Okt.). *Bolsterlang* ist Ausgangspunkt der ›Hörnertour‹ (3 Std.), dort ›Hörnerbahn‹ und ›Horngratbahn‹ (Sesselbahnen). Fahrradverleih. Wandern (auch geführt), lohnend durch den Weidachwald-Naturpark im Illertal. In Fischen Freizeitbad mit 58-m-Wasserrutschbahn, drei öffentliche Hotelhallenbäder, Sportpark Fischen. Lifte, Loipen, Eislaufen, Pferdeschlittenfahrten.
❶ Verkehrsamt, Am Anger 15, 87538 Fischen im Allgäu.

Oberstdorf ③

Der Markt mit seinen sieben (größtenteils verkehrsfreien) Tälern ist heilklimatischer und Kneippkurort. Oberstdorf wird erstmals 1141 urkundlich erwähnt. Funde aus der Jungsteinzeit und der Bronzezeit belegen aber den frühzeitigen Aufenthalt von Menschen im Bereich des ›obersten Dorfes‹.
Ab 1440 unter der Herrschaft des Fürstbistums Augsburg, wurde es 1495 Markt und Hochgerichtsstätte. 1865 vernichtete ein Brand einen Teil des Ortes mit der Pfarrkirche. Mit dem Wiederaufbau setzte die Entwicklung zum Höhenkurort und Wintersportplatz ein. Heute ist Oberstdorf einer der meistbesuchten Urlaubsorte Bayerns.
In der neugotisch ausgestatteten, 1866/67 wiederaufgebauten Pfarrkirche St. Johannes Baptist noch einige alte Stücke: die ›Schöne Oberstdorferin‹ (Muttergottes, um 1430), eine Strahlenkranz-Madonna (um 1490) an der Chor-Südwand, Plastik der lehrenden Mutter Anna mit Maria (Chor-Nordwand, um 1340), barocke Passionsbilder (Johann Baptist Herz, 1710) und ein Gemälde der Geburt Christi von Anton Raphael Mengs (um 1760). Die Seelenkapelle (heute Kriegergedächtnisstätte) aus dem 15. Jh. ist wegen der reichen Bemalung ihrer Nordfassade von Bedeutung. Das Alte Rathaus (1477) war einst Tanzhaus. Heimatmuseum mit Sammlungen zur Wohnkultur, Alpwirtschaft, Jagd und Fischerei, auch eine Schuhsammlung mit dem ›größten Schuh der Welt‹ (geöffnet di und sa von Pfingsten bis 30. Okt. und vom 27. Dez. bis 15. Apr.). Im Trettachtal drei ›Loretokapellen‹ (Appachkapelle 1493, Marienkapelle 1657, Josephskapelle 1671) und im abgelegenen Weiler *Rohrmoos* (westlich gelegen) eine höchst originelle Annakapelle (Renaissance, um 1568), ein Holzbau mit volkstümlicher Innenbemalung. Zu den Sehenswürdigkeiten zählt auch die 72 Meter hohe Skiflugschanze. Käsereibesichtigungen auf den Alpen Schlappold und Breitengeren (nach Vereinb., Informationen bei der Kurverwaltung). Oberstdorf ist Viehscheidort. Alle fünf Jahre (wieder 2000) das Brauchtumsfest ›Wilder-Mändle-Tanz‹; zu den lokalen Wettbewerben gehört das Steineheben.
Strand-, Hallen- und Freibäder (Moorbad); Drachenfliegen, Golf, Fahrradverleih; Wandern (auch geführt) zur Spielmannsau, in die Breitachklamm, zum Hölltobel oder Freibergsee, viele Bergtourmöglichkeiten (Nebelhornbahn mit Gipfelbahn, Fellhornbahn und Söllereck-Sesselbahn). Eisstadion (auch Sommer). Lifte, Loipen, Rodeln; Pferdeschlittenfahrten. In den »Sieben Schwaben« kocht man einheimisch und international, und im »Wilden Männle« trifft man noch Einheimische am Stammtisch.
❶ Kurverwaltung, Marktplatz 7, 87561 Oberstdorf.

Kleinwalsertal ④

Die Hauptorte *Riezlern, Hirschegg, Mittelberg* (als älteste Siedlung des Tales) und *Baad* bilden zusammen den Luftkurort und Wintersportplatz Kleinwalsertal (ausführliche Beschreibung im HB-Bildatlas Nr. 47 ›Vorarlberg‹). Offiziell nennt sich die Gemeinde Mittelberg; das Rathaus befindet sich in Riezlern. Das Tal wird von der Breitach (sehenswert die Breitachklamm, auch im Winter begehbar) und deren Zuflüssen durchzogen. Die bedeutendsten Berge sind der Große Widderstein, der Hohe Ifen mit dem Gottesackerplateau, die Kanzelwand und das Walmendinger Horn.
Die Edlen von Rettenberg holten um 1300 Walser-Bauern in das bis dahin menschenleere Tal. 1351 kam der ›Mittelberg‹ an die Ritter von Heimenhofen, denen auch Oberstdorf gehörte, ab 1453 war das Haus Habsburg im Besitz der Herrschaft. Seit 1891 gehört das Kleinwalsertal zum deutschen Zoll- und Wirtschaftsgebiet, politisch ist es Teil des österreichischen Bundeslandes Vorarlberg. Besondere Bemühungen gelten dem ›sanften Tourismus‹.
Sehenswert sind vor allen Dingen die vielen gut erhaltenen Walser-Häuser, aus Holz gebaut. In *Unterwestegg* bei Riezlern die Mariahilf-Kapelle (1796; spätgotischer Flügelaltar aus Meran, 1516). In Mittelberg die gotische Pfarrkirche St. Jodok (1302 und 1463, 1694 barokisiert; Fresken 16. Jh.). Das Walsermuseum in Riezlern (tägl. außer an Sonn- und Feiertagen geöffnet) zeigt Sammlungen zur Volkskunde und Geschichte des Kleinwalsertales.
Das neugebaute Walserhaus (Haus des Gastes) in Hirschegg bietet Theater, Konzerte und eine Bücherei. In Riezlern, dem eindeutig mondänsten Ortsteil im Tal, das Spielcasino Kleinwalsertal. Frei- und Hallenbad; Fahrradverleih; Wandern (auch geführt), Kleinkabinenbahn zur Kanzelwand in Riezlern (im Winter Anschlußlifte zum Oberstdorfer Fellhorngebiet), Doppelsessellift ›Ifen 2000‹ und Heuberg-Sessellift in Hirschegg, Großkabinenbahn zum Walmendinger Horn in Mittelberg. Lifte, Loipen, Eislaufen, Rodeln; auch Pferdeschlittenfahrten.
Berühmt das Restaurant im »Almhof Rupp« in Riezlern und die Kuchen im »Café Behringer« in Mittelberg, sportlich-komfortabel der »Walserhof« in Hirschegg, familiär-gemütlich (mit Appartements auch in einem alten Walserhaus) die Hotel-Pension Reinhard Leitner in Mittelberg.
❶ Verkehrsamt Kleinwalsertal, A-6992 Hirschegg.

Das All

Mit dem Dreieck der alten Reichsstädte Isny, Leutkirch und Wangen, alle drei an der Oberschwäbischen Barockstraße, hat auch Württemberg einen Anteil am Allgäu. Wenn dieser Landstrich auch keine Alpengipfel aufweist, so findet der Urlauber hier neben der Romantik der alten Städte ein herrliches Wanderland um die Adelegg bei Isny und in den grünen Tälern der Oberen und Unteren Argen. Zu bedeutenden sommerlichen Musikfestspielen lädt das Renaissance-Schloß in Wolfegg ein, wo es auch ein Oldtimer- und ein Bauernhofmuseum gibt.

Foto: Ein Höhepunkt im Tal der Oberen Argen ist Schloß Syrgenstein, hart an der Grenze zwischen Bayern und Württemberg.

äu der Württemberger

△ Schloß Wolfegg

Elegant und schwungvoll: Rokoko-Kanzel in Kißleggs St. Gallus ▽

Das Portal des Wolfegger Rittersaals bleibt meist verschlossen ▽

Mit altem Pflaster: Leutkirchs Lammgasse ▽

82

△ Agrarisch ausgerichtet: Schloß Wolfegg inmitten seiner Nebengebäude

△ Mit Resten von Wehrhaftigkeit: Schloß Zeil

An Leutkirchs Marktplatz steht das barocke Rathaus ▽

Ein bißchen eigenwillig: die Allgäuer

Das Allgäu lag immer ein wenig zwischen den ›Welten‹. Es war nicht Altbayern, war nicht Schwaben — auch wenn es sich bei den Allgäuern ursprünglich um Alemannen handelte, die ja bekanntlich den ›Grundstock‹ der schwäbischen Bevölkerung bilden. Es gehörte nie zur Schweiz, in der aber viele Allgäuer Arbeit fanden. Und auch Vorarlberg und Tirol wurden nicht als mögliche ›Heimat‹ gesehen, obwohl die Allgäuer Schulterschluß mit den Tirolern suchten, als es gegen Napoleon und ›seine‹ Bayern ging.

Immer blieben die Allgäuer eigenwillig, fast störrisch, obwohl das Allgäu keineswegs in allen Bereichen abgelegen ›hinter den Bergen‹ lag. Im Gegenteil, seine Pässe waren vergleichsweise leicht zu bezwingen, und mitten durchs Allgäu verlief die Salzstraße von Hall in Tirol zum Bodensee, von wo es weiter den Rhein abwärts ging.

Die eigensinnige Beharrlichkeit der Allgäuer Bauern, ungeachtet der Folgen einen einmal eingeschlagenen Weg zu Ende zu bringen, bekam deren Obrigkeit wiederholt zu spüren — besonders im Bauernkrieg 1525, einem Aufstand, der für lange Zeit im Land rumorte. Noch im 17. Jahrhundert fiel manche der einst in bäuerlicher Fronarbeit errichteten Burgen der Volkswut zum Opfer.

Illustre Mitglieder einer Familie

Interessanterweise war auch auf der Gegenseite ein Allgäuer zu finden. Der ›Bauernjörg‹, dessen Truppen des Schwäbischen Bundes die aufbegehrenden Bauern blutig niedermachten, gehört als Georg III. in die Ahnenreihe derer von Waldburg, die manchen gegensätzlichen Charakter vorzuzeigen haben. Kardinal Otto von Waldburg beispielsweise, ein vehementer Anhänger der Gegenreformatoren, der nur 24 Jahre nach diesen traurigen Ereignissen

△ Viele Türme überragen die Stadt Isny

△ Renommiert: der »Adler« in Großholzleute

Wangens Herrenstraße mit dem Liebfrauentor ▽

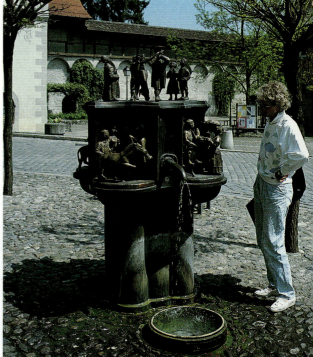
△ Beim Eselsbrunnen ist auch das Wangener Eichendorff-Museum zu finden ▽

△ Schulkinder bestreiten das Wangener Kinderfest   Wangens barocke Rathausseite und der Pfaffenturm ▽

als großer Förderer von Wissenschaft und Kunst die Universität von Dillingen gründete. Oder die schillernde Figur Gebhards II., der sich 1582 als Erzbischof und Kurfürst von Köln von der päpstlichen Kirche lossagte und seine Geliebte, die protestantische Stiftsdame Agnes von Mansfeld, ehelichte. Ein Wittelsbacher, Bayernherzog Ernst, machte diesem Spuk als Amtsnachfolger Gebhards schnell ein Ende. Die Erbtruchsesse von Waldburg, seit 1803 mit dem Fürstentitel versehen, gibt es immer noch. Der trutzige Stammsitz dieser am liebsten unspektakulär auftretenden Familie steht bei Ravensburg, sie leben aber auf ihren prachtvollen Schlössern Zeil bei Leutkirch, Kißlegg und Wolfegg im württembergischen Allgäu, das die politischen Launen eines Napoleons vom übrigen Allgäu trennte. Die Fürsten von Waldburg-Zeil gehören zu den großen Grundbesitzern sowohl auf der württembergischen als auch auf der bayerischen Seite. Jeder zweite Baum gehöre ihnen, sagt man. Und wer den Wald, die Jagdrechte hat, gilt im Allgäu als König.

Wangen ist doch die Schönste
Auch wenn die Grenzziehung ziemlich willkürlich erfolgte, das württembergische Allgäu hat ein recht eigenes Gesicht. Zu diesem gehören die drei einstigen Reichsstädtlein Isny, Leutkirch und Wangen. Ein leichtes ist es, sie auf einer kleinen Tagesrundreise zu besuchen. Und so ansprechend Isny vor dem langgestreckten Höhenzug der Adelegg auch liegt, so sehr Leutkirchs Altstadt zu begeistern mag, den Schönheitspreis wird man letztendlich doch Wangen geben müssen. Allein schon die Herrenstraße könnte dafür reichen, ganz gleich, ob diese Zeile von den bunten Ständen des Wochenmarktes beherrscht wird und dabei ein wenig wie ›früher‹ wirkt oder, vom Straßencafé aus gesehen, als prächtige Kulisse dient, mit seinen bemalten Hausfassaden und kunstvoll geschmiedeten Wirtshausschildern.

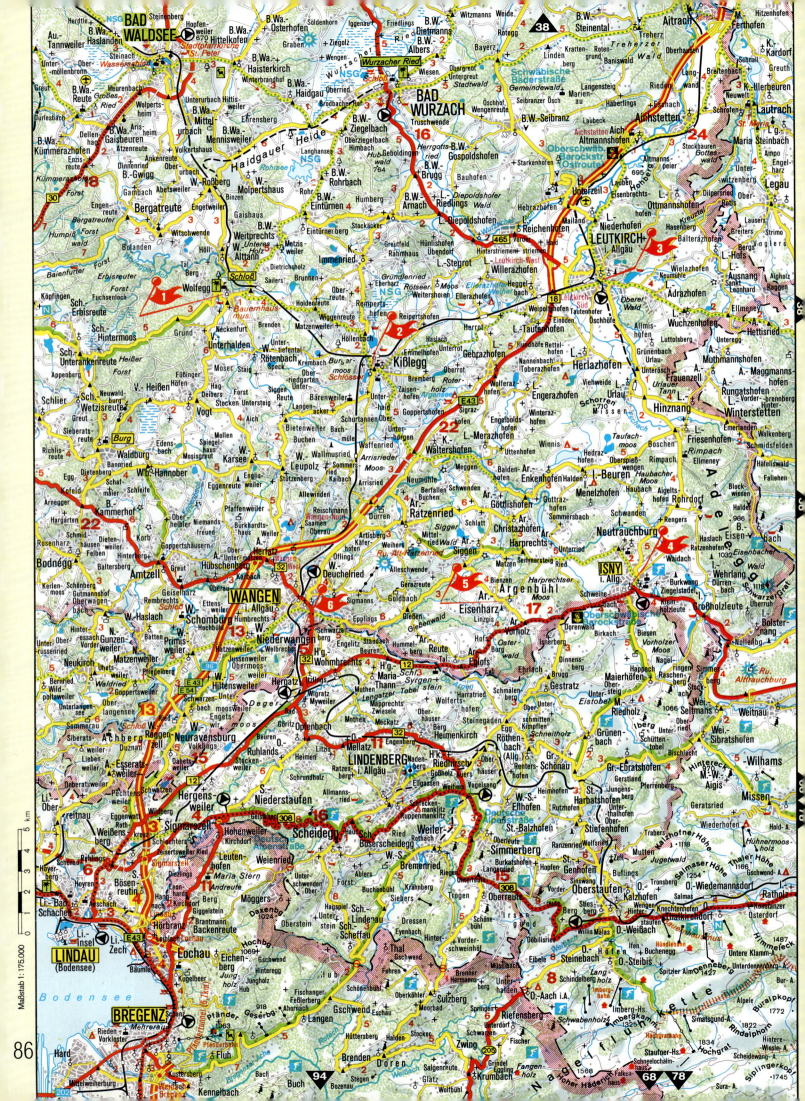

Wo gibt es was?

Fähnchennummer = Textnummer   ❶ = Auskunft

Wolfegg ①

Der 800jährige heutige Luftkurort bietet mit der mächtigen Vierflügelanlage des Waldburg-Wolfeggschen Renaissance-Schlosses (16. und 17. Jh.) und den üblichen Nebengebäuden noch ganz das Bild eines Residenzortes; leider ist das Schloß mit dem barocken Rittersaal (17. und 18. Jh., 24 Ahnen-Plastiken) und den Gemälde- und Waffensammlungen nur bei Konzertterminen zu besichtigen. In der barocken Pfarrkirche (Johann Georg Fischer, 1733–1742) ein gewaltiges Deckengemälde, das die Stiftungsgeschichte des ehemaligen Klosters Wolfegg schildert. Die frühere Pfarrkirche dient heute Ausstellungen und Konzerten (Fresken 12. und 13. Jh.). Im Sennstadel des Schlosses das Automobilmuseum des Motorjournalisten Fritz B. Busch mit über 100 Oldtimern (tägl. geöffnet von Ostern bis Ende Okt., sonst nur so).
Besonders sehenswert das Bauernhof-Freilichtmuseum zu Füßen des Schloßberges mit Häusern aus Oberschwaben und dem Westallgäu (mo und von Nov. bis März geschl.); einkehren kann man im Museumswirtshaus »Fischerhaus«. Einen großartigen Ausblick hat man von der Loretokapelle (1668) am Ortsrand, lohnende Wanderungen führen in das Naturschutzgebiet Wolfegger Achtal oder zur gotischen Waldburg (3 Std.; Privatbesitz).
Anfang Sept. das Bauernhof-Museumsfest, Mitte Sept. die bekannten ›Internationalen Festspiele Baden-Württemberg‹ auf Schloß Wolfegg. Loipen.
❶ Wolfegg Information, Rötenbacher Straße 13, 88364 Wolfegg.

Kißlegg ②

Der heutige Luftkurort (Marktrecht 1394) kam 1625 an die Truchsesse von Waldburg, die sich hier zuerst das Alte Schloß (Renaissance, 16. Jh., bis 1721 innen barockisiert; keine Besichtigung) und später das heute gemeindeeigene barocke Neue Schloß (Johann Georg Fischer, 1721 bis 1727; Treppenhaus mit acht Sybillen von Joseph Anton Feuchtmayer, 1726/27; Festräume, Instrumenten- und Gemäldesammlung tägl. geöffnet) bauen ließen; sehenswert auch der Schloßpark im englischen Stil. Die im Ursprung frühgotische St.-Gallus-Kirche (bis 1738 barockisiert) zeigt im Innern kostbaren Stuck der Wessobrunner Johann Schütz und Joseph Wagner.
Strandbad mit Warmbad, Segeln, Rudern (Verleih); Wandern (auch geführt). Loipen.
❶ Kurverwaltung, 88353 Kißlegg.

Leutkirch ③

Eine ›Liutchirchun‹ wurde schon um 825 genannt; sie war Gotteshaus der ›Freien Leute auf der Leutkircher Heide‹. 1293 wurde Leutkirch Freie Reichsstadt. Die im Ursprung romanische Martinskirche wurde im gotischen Stil umgebaut. Die evangelische Dreifaltigkeitskirche (1615) ist die erste Predigtsaalkirche Oberschwabens. Prachtvoll das barocke Rathaus (1740). Vom Bild der alten Reichsstadt hat sich noch viel erhalten; im Bockhaus neben dem Bockturm das Heimatmuseum (geöffnet mi nachm. und so). Empfehlenswert ein Bummel durch die Straßen und Gassen der Altstadt, besonders durch die Marktstraße. Das vornehmlich barocke Schloß Zeil (1598 bis 1811; Wanderziel mit schöner Aussicht), eine mächtige Vierflügelanlage der Truchsesse Waldburg-Zeil, kann nicht besichtigt werden.
Auch im etwa 10 km entfernten *Bad Wurzach* ein Barockschloß derer von Waldburg-Zeil. Bad Wurzach, das älteste Moorheilbad Baden-Württembergs, feiert jedes Jahr im Juli sein Heiligblutfest mit 1200 Reitern. Das Naturschutzgebiet Wurzacher Ried ist das größte intakte Hochmoor Mitteleuropas. Strandbäder, Wandern. Loipen.
❶ Gästeamt, 88299 Leutkirch.

Isny ④

Der heilklimatische Kurort und Wintersportplatz geht auf ein 1096 gegründetes und längst aufgelöstes Benediktinerkloster zurück. Die Stadt (Stadtrecht um 1240), im Mittelalter durch Leinenweberei und günstige Verkehrslage reich geworden, konnte sich 1365 von den Truchsessen von Waldburg freikaufen und damit Freie Reichsstadt werden.
Erhalten haben sich der Marktplatz mit dem Rathaus (15. und 17. Jh.; Saal mit Kassettendecke und Winterthurer Kachelofen, 1685), der Blaserturm (16. Jh.) sowie die Stadtmauer zwischen Espan- und Wassertor (heute Heimatmuseum, mi geöffnet). Sehenswert die barocke Stadtpfarrkirche St. Georg und Jakob (1661–1666, einst Klosterkirche) und die unmittelbar benachbarte, spätromanische evangelische Nikolaikirche mit gotischem Chor (13.–17. Jh.), die über der Sakristei eine bedeutende ›Praedicantenbibliothek‹ mit wertvollen Handschriften und Wiegendrucken besitzt (geöffnet nach Vereinb.).
Frei- und Waldbad, Segeln; Surfen und Rudern (jeweils Verleih); Wandern (auch geführt), Aussichtsberg Schwarzer Grat. Lifte, Loipen, Eislaufen.
❶ Kurverwaltung, Kurhaus am Park, 88316 Isny im Allgäu.

Argenbühl ⑤

Die weitläufige Gemeinde mit den Erholungsorten *Eglofs*, *Christazhofen*, *Eisenharz* und *Ratzenried* liegt in einer herrlichen Wanderlandschaft mit stillen Seen- und Moorlandschaften. Geboten wird Familien- und Bauernhofurlaub. Sehenswert die Spätrokoko-Kirche St. Martin (1765 bis 1766) in Eglofs. Moorfreibad Burg, Wandern (auch geführt), Fahrradverleih, Loipen. Segeln und Surfen bei Christazhofen.
❶ Gästeamt, 88260 Argenbühl-Eisenharz.

Wangen ⑥

Die Große Kreisstadt (auch Luftkurort), urkundlich schon 815 erwähnt, stand bis 1281 unter der Herrschaft der Abtei St. Gallen und wurde 1286 durch König Rudolf von Habsburg zur Freien Reichsstadt erhoben.
Die Oberstadt zeigt eines der schönsten Stadtbilder Süddeutschlands und steht geschlossen unter Denkmalschutz; ein Teil wurde zur Fußgängerzone. Herausragend die Herrenstraße mit dem Liebfrauentor (14. und 17. Jh.) und die Paradiesstraße mit dem Martinstor (14. und 16. Jh.). Das barocke Rathaus mit seiner prachtvollen Fassade entstand in der heutigen Form bis 1721; im rückwärtigen Teil, zum Postplatz hin, hat es seinen ursprünglichen spätgotischen Charakter bewahrt. Die romanische Stadtpfarrkirche St. Martin (13. Jh.) besitzt einen gotischen Chor (15. Jh.). Besonders sehenswert die Gottesackerkirche St. Rochus (16. Jh.) vor dem Martinstor mit einer gemalten ›Bilderbibel‹ an der Holzdecke (1598), in 66 Felder mit Darstellungen aus dem Leben Jesu eingeteilt, Werk eines unbekannten Künstlers. Das Heiliggeistspital (13. Jh.) hat eine Kirche mit reicher Innenausstattung (1719–1721).
Das Heimatmuseum beherbergt die Eselmühle (auch Käsereimuseum) mit angeschlossenem Eichendorff- und Gustav-Freytag-Museum (beide geöffnet di, mi und fr, Nov. bis März geschl.). Die Allgäuer Emmentalerwerke in *Leupolz* (nördlich gelegen) sind zu besichtigen (nach Vereinb.). In der Pfarrkirche von *Amtzell* (westlich gelegen) eine interessante spätgotische Tonplastik des ›Marientodes‹ (um 1480).
Am Rosenmontag der Große Narrensprung. Freibad; Fahrradverleih, Wandern (auch geführt). Lift, Loipen, Eislaufen; Pferdeschlittenfahrten. »Vierks Restaurant zum Bären« bietet beste schwäbische Kost, die »Alte Post« viel historische Atmosphäre.
❶ Gästeamt, 88239 Wangen im Allgäu.

87

Bay

Drei Landschaften besitzt das westlichste Stück Allgäu. Dem übrigen Allgäu am ähnlichsten ist die bucklige Wiesen- und Weidewelt, in der sich Lindenberg auf luftiger Höhe ausbreitet und sich Weiler-Simmerberg in einen Talkessel drückt. Westlich schließt eine – keineswegs flache – Gartenlandschaft an, wo Vorübergehende an jeder Haustür zum Kauf von frischem Obst ermuntert werden. Die dritte Landschaft ist das sonnige Bodenseeufer, Bayerns geradezu unbayerischster Platz am Schwäbischen Meer. Mitten aus dem Wasser ragt die Inselstadt Lindau auf, die mit einem bayerischen Löwen an der Hafeneinfahrt ihre Landeszugehörigkeit signalisiert.

Foto: Eines der bekanntesten Bilder vom Bodensee ist die Hafeneinfahrt von Lindau.

rns Ecke am Bodensee

△ Oberreutte gilt als höchstgelegene Gemeinde im Westallgäu

△ Immer noch mit Fensterläden in österreichischen Farben: Rathaus in Weiler

△ Stilleben in Zwiesele bei Meckatz

Auch Familien-Spiellandschaft: Eistobel bei Grünenbach ▽

△ Am Stadtplatz mit Maibaum: Lindenberg,... ...das in seinem bekannten Hutmuseum alles zu diesem Thema zeigt ▽

Lindenbergs Strohhüte – am Bodensee gut zu gebrauchen

Man fühlt sich wie in eine Riesen-Achterbahn versetzt, wenn man auf der Deutschen Alpenstraße von Oberstaufen nach Lindau fährt – einer ihrer schönsten Abschnitte, nebenbei gesagt. Hinauf zur Spitzkehre des ›Paradieses‹ (das im Winter allerdings eher die Hölle sein kann), hinunter in die Geborgenheit des Talkessels von Weiler-Simmerberg und dann wieder hinauf zum fast 800 Meter hoch gelegenen Städtchen Lindenberg, dessen Bewohner seit Jahrhunderten als Strohhutmacher bekannt sind. Und einen Strohhut kann man gegen Ende der Fahrt gut gebrauchen, wenn man – wiederum nach einigem kurvenreichen Auf und Ab – ans Lindauer Sonnenufer gelangt ist. Sonnenufer – das ist auch im übertragenen Sinn zu verstehen. Denn auf dieser Fahrt wird zugleich eine alte ökonomische Grenze überschritten, über die hinweg noch vor nicht wenigen Jahrzehnten sehnsüchtig Ausschau gehalten wurde. Auf der einen Seite das so sattgrüne, hügelige Wiesenland mit den sanft blickenden braunen Rindern, das dennoch seine Menschen nicht ausreichend ernähren konnte. Auf der anderen eine Gartenlandschaft, in der die Häuser im Frühjahr vor blühenden Obstbaumkronen oft kaum noch zu sehen sind.

Reich geworden mit Stroh

Schon als Lindenberg noch ein armseliges, weil unwirtlich hoch gelegenes Dorf war, haben die Bewohner Strohhüte geflochten, damals freilich einfache ›Schatt-Hüte‹, die eben nur vor der Sonne schützen sollten. Bis ein Pferdehändler aus dem Dorf nach einem Italienaufenthalt mit dem ›Florentiner‹ eine kleine Revolution bewirkte. Lindenberg wurde größer, reicher und bald in aller Welt ob seiner Strohhüte bekannt. Heute ist das Hutgeschäft (man verwendet schon lange nicht nur Stroh) ziemlich zurück-

△ An Lindaus Hafeneinfahrt wacht der bayerische Löwe   Immer noch unter Dampf: ›Hohentwiel‹ ▽

△ In der »Weinstube Frey« gibt es auch Fisch

Das bunt bemalte Lindauer Rathaus wirkt immer noch sehr gotisch ▽

△ Rund ums Jahr alle beisammen: Narrenbrunnen am Lindauer Schrannenplatz

△ So richtig alemannische ›Fasnet‹ in Lindau: ›Pflasterbutzen‹... ...und ›Moschtköpf‹ ▽

gegangen – aber es gibt ja noch das Museum, um dem Hut-Ruhm nachzuspüren.

Ein ›Auslesestück der Natur‹
Östlich von Grünenbach ist ein harmloses Abenteuer zu bestehen: eine Wanderung durch den drei Kilometer langen Eistobel. Ihr winterliches Bild gab der von der Oberen Argen gebildete Schlucht den Namen: Dann verwandeln sich die sieben Wasserfälle in bizarre Wände und Türme aus gleißendem Eis. Wer sicher auf den Beinen ist, kann dieses ›Auslesestück der Natur‹ auch in kalten Tagen durchwandern. Schön ist aber auch das sommerliche, ›lebende‹ Wasser, wenn es sich über die Nagelfluhfelsen des Tobels stürzt – der Begriff Tobel entstand aus ›tosen‹.

Zweierlei Narren am See
Gleich dem Eistobel kann auch die Inselstadt Lindau im Winter durchaus einen Besuch wert sein. An der Hafenpromenade fehlen dann freilich die Blumen, und manches renommierte Haus hat geschlossen. Ruhig ist es, und den Einheimischen bleibt sogar Zeit für einen Schwatz mit dem Gast. Kommt dann die Fastnachtszeit heran, füllen sich Straßen und Gassen mit bunt gekleideten Lindauer Narren.
Mindestens zweierlei Kategorien lassen sich am Bodensee ausmachen. Die einen tragen Maske und ›Häs‹ (Kostüm), die anderen sind sozusagen auf der Suche nach längst vergangenen Zeiten. Zum Beispiel jene höchst lobenswerten Narren, die sich in einem Verein zusammentaten und jahrelang Geld und Zeit geopfert haben, um den ehrwürdigen Raddampfer ›Hohentwiel‹ vor der schon geplanten Verschrottung zu retten. Immerhin war das gute Stück schon 1963 ausgemustert worden und rostete vor sich hin. Seit 1990 kreuzt es zur warmen Jahreszeit als erklärter Liebling des Publikums wieder auf dem Schwäbischen Meer und gibt sich auch nicht einem öden Linienfahrplan hin, sondern ist nur für Sonderfahrten zu haben. Und die sind sehr gefragt!

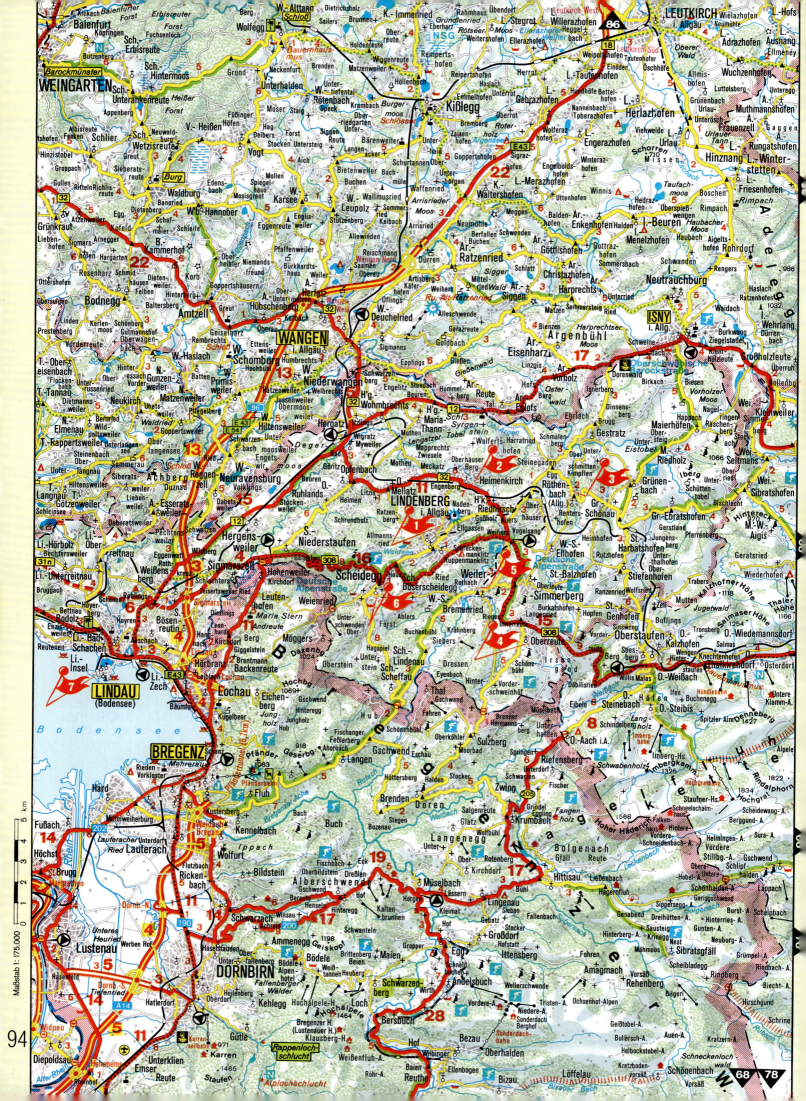

Wo gibt es was?

Fähnchennummer = Textnummer   ❶ = Auskunft

Lindenberg ①

Das Städtchen, ein Höhenluftkurort, wurde bereits 857 als Besitz St. Gallens genannt; 1523 kam der Ort an die Habsburger. Im 18. Jh. begann die Strohhut-Industrie (dank Modellen nach italienischem Muster) zu blühen; ›Pflicht‹ ist daher der Besuch des Hutmuseums (geöffnet mi nachm. und so vorm.). Bedeutendster Arbeitgeber ist aber mittlerweile das Käsewerk, es ist Deutschlands größtes.
Beherrschendes Bauwerk ist die neubarocke Stadtpfarrkirche St. Peter und Paul (1912–14), für die Franz Rank einfühlsame Pläne lieferte (Fresken von Paul Keck, 1961). Auf mittelalterlicher Basis wurde die Aureliuskirche errichtet (Johann Georg Specht, 1764–1796). Frei- und Hallenbad, Moorbad am Waldsee; Fahrradverleih, Wandern (auch geführt), Aussichtsberg Nadenberg (823 m). Lifte, Loipen (Super-Loipe vom Waldsee zum Alpsee), Eislaufen.
❶ Verkehrsamt, Rathaus, 88161 Lindenberg im Allgäu.

Heimenkirch ②

Zusammen mit *Meckatz* (Sitz einer Großbrauerei) und den Nachbargemeinden *Hergatz* und *Opfenbach* liegt der Markt und Erholungsort mitten in einem beliebten Wandergebiet.
Nördlich von Heimenkirch das Renaissance-Schloß Syrgenstein (1265 erstmals erwähnt, im Kern spätgotisch; Privatbesitz, Schloßgelände nicht zugänglich). Sehenswert die Wallfahrtskirche in *Maria Thann* mit hochbarocker Ausstattung (Hochaltar mit perspektivischem Relief, (1707) und die barocke Nikolauskirche in Opfenbach (1773/74; Hochaltargemälde angeblich von Angelika Kauffmann).
Freibad; Fahrradverleih, lohnende Wanderung zum Lengatzer Tobel (1 Std.). Lift, Loipen.
❶ Marktgemeinde, 88178 Heimenkirch.

Röthenbach ③

Erholungsort im Landschaftsbereich der Oberen Argen. Die Nachbargemeinde *Gestratz* ist im Westallgäu tonangebend für Urlaub auf dem Bauernhof; sehenswert dort die Pfarrkirche St. Gallus in Gestratz (gotisch, 1435 bis 1437; 1730 barockisiert) mit ihrem gotischen Freskenzyklus (um 1443, vermutlich Hans Strigel d. Ä.). Das benachbarte *Grünenbach* ist wie auch *Maierhöfen* Ausgangspunkt für die Wanderung durch das imposante Naturschutzgebiet Eistobel (›Einstiege‹ an der Argentobelbrücke zwischen den beiden Or-

ten und am Gasthaus »Schüttentobel«). Freibad in *Rentershofen*. Lifte (vor allem bei Maierhöfen), Loipen.
❶ Verkehrsamt, 88167 Röthenbach.

Oberreute ④

Die höchstgelegene Gemeinde des Westallgäus (857–1041 m) erinnert mit ihrem Namen an die mittelalterlichen Rodungsdörfer der ersten Siedler. Sehenswert die frühklassizistische Pfarrkirche St. Martin (1798) und das Skimuseum im Gästeamt (tägl. mo bis fr geöffnet, Juli und Aug. auch sa von 10–12 Uhr). Freibad. Wanderziele sind das Naturschutzgebiet Gerbertobel (2 Std.) und die Eibele- und Krebswasserfälle im Weißachtal (2 Std.); Geführte Wanderungen. Lift, Loipen.
❶ Verkehrsamt, 88179 Oberreute.

Weiler-Simmerberg ⑤

Der Markt und Luftkur-Doppelort, urkundlich 894 erstmals erwähnt, breitet sich zu beiden Seiten des reizvollen Markt- und Kirchplatzes aus. Sehenswert die klassizistische Weiler Pfarrkirche St. Blasius (Johann Georg Specht, 1795–1806) und das ehemals habsburgische Amtshaus (1681; heute Rathaus). Besuchenswert das Westallgäuer Heimatmuseum (tägl. außer mo und fr geöffnet) und das ebenfalls heimatkundliche Kornhausmuseum (auch Sonderausstellungen; Mai bis Sept. tägl. außer mo und fr geöffnet). Interessierte können die Genossenschaftskäserei besichtigen (nach Vereinb.).
Freibad; Fahrradverleih, Wandern (auch geführt) durch die Hausbachklamm oder zur im Ursprung mittelalterlichen Ruine Altenburg. Lifte, Loipen, Rodeln. Tradition haben der Brauereigasthof »Zur Post« in Weiler und der »Adler«, ehemals Amtshaus des Deutschen Ritterordens, in Ellhofen (nordöstlich von Simmerberg).
❶ Kur- und Gästeamt, 88171 Weiler-Simmerberg.

Scheidegg ⑥

Der heilklimatische Wintersport- und Kneippkurort, zu dem auch *Scheffau* gehört, wurde 1255 erstmals als St. Galler Besitz genannt. Zeitweise habsburgisch und vorarlbergisch, gelangte er schließlich an Bayern. Die Pfarrkirche St. Gallus ist ein frühklassizistischer Bau (1797 bis 1798). Im Handwerkermuseum ›Heimathaus‹ original eingerichtete alte Handwerksstätten (u. a. Schlosserei, Küferei, Käserei, jeden 1. und 3. So im Monat geöffnet, jeden mi um 10 Uhr Führung). Direkt an der B 308 der Rep-

tilienzoo Scheidegg mit Tropenhaus und Freilandanlage (tägl. geöffnet). Scheidegger Sommerkonzerte, Kirchenkonzerte und Heimatbühne. Freibad; Wandern (Scheidegger Wasserfälle) und Radwandern (auch geführt, ›Radln bergab‹). Lifte, Loipen (Langlaufzentrum), Eislaufen, Rodeln, Skisprungschanze. 1990 wurde Scheidegg Preisträger im Wettbewerb ›Familienferien‹.
❶ Kurverwaltung, Rathausplatz 4, 88175 Scheidegg.

Lindau ⑦

Die Große Kreisstadt (auch Luftkurort) ist durch ihre alljährlichen Nobelpreisträger-Tagungen bekannt. Die Inselstadt steht vollständig unter Denkmalschutz; Ortsteile auf dem Festland, bekannt vor allem *Bad Schachen* mit seinen teils historischen Villen. Lindau entstand aus einer Fischersiedlung und einem um 810 gegründeten Benediktinerrinnenkloster (später reichsfürstliches Damenstift, 1803 aufgehoben). Die durch Handel und Beförderung (eigene Bodenseeflotte) von Korn und Salz reich gewordene Bürgerschaft konnte 1275 endgültig die Rechte einer Freien Reichsstadt durchsetzen (›Schwäbisches Venedig‹). Größte Sehenswürdigkeit ist das bestens erhaltene historische Stadtbild mit schmalen Gassen (Ludwigstraße, In der Grub, Zitronengäßle), besonders um den Marktplatz (mit den beiden Pfarrkirchen) und in der Maximilianstraße (Fußgängerzone; mit ›Brodlauben‹) mit dem Alten Rathaus (um 1430, 1578 im Renaissancestil umgebaut; schöne Fassadenmalerei, gotischer Ratssaal). Die barocke katholische Pfarrkirche Mariä Himmelfahrt (um 1750, ehemals Stiftskirche) ist nach einem Gewölbeeinsturz (1987) seit 1991 wieder zugänglich; evangelisch die Stephanskirche (um 1500, umgebaut bis 1783). Die romanische Peterskirche (11. Jh., heute Gefallenengedenkstätte) besitzt hervorragende Fresken, darunter die sogenannte ›Lindauer Passion‹ von Hans Holbein d. Ä. Nahebei der Diebsturm (um 1375). Am Hafen der Alte (13. Jh.) sowie der Neue Leuchtturm und die Mole mit bayerischem Löwen (beide 1856). Der prachtvolle Barockbau des Hauses zum Cavazzen (1729) ist heute Stadtmuseum (Stadtgeschichte, Städtische Galerie, Musikautomatensammlung; geöffnet di bis so nachm. von April bis Sept.); in Bad Schachen das ›Friedensmuseum‹ (geöffnet die bis sa von Mitte April bis Mitte Okt.).
Stadttheater, Konzerte, Ausstellungen, Spielcasino. Hallen- und Strandbad, Freibäder, Segeln, Surfen.
❶ Verkehrsverein, 88131 Lindau.

95

Touristik-Informa

Adressen

Informationsmaterial und Sonderprospekte für das gesamte Gebiet sind beim Tourismusverband Allgäu/Bayerisch-Schwaben, Fuggerstraße 9, 86150 Augsburg, Telefon 0821/33335, Telefax 0821/38331, erhältlich. Zusätzlich für das westliche Allgäu (Landesteil Baden-Württemberg) die Gebietsgemeinschaft Allgäu-Bodensee-Oberschwaben, Städtische Kurverwaltung/Gästeamt, Postfach 1420, 88331 Bad Waldsee, Telefon 07524/941343, Telefax 07524/941345; für das östliche Allgäu der Tourismusverband Ostallgäu, Postfach 1255, 87610 Marktoberdorf, Telefon 08342/911314, Telefax 08342/911551.

Bauernhof-Urlaub

Das Allgäu als forst-, vieh- und milchwirtschaftlich bedeutende Region ist im besonderen Maße auf Urlaub auf dem Bauernhof eingestellt, vor allem im Westallgäu um Gestratz, Röthenbach, Grünenbach und Oberreute. Der Tourismusverband (s. Adressen) bietet einen Sonderprospekt ›Familienferien‹ an. Adressen für Bauernhof-Urlaub bei den einzelnen Verkehrsämtern und beim Bayerischen Bauernverband, Max-Joseph-Platz 9, 80539 München.

Burgen und Schlösser

Da ein großer Teil des Allgäus jahrhundertelang (bis 1803) in kleinere Herrschaften aufgeteilt war, gab es im Mittelalter viele Burgen, die heute meist nur noch als Ruinen erhalten sind. Die sehenswertesten sind in Eisenberg (Eisenberg und Hohenfreyberg), Immenstadt (Hugofels, Laubenberger-Werdenstein), Raulaubenberg, Rothenfels und Nesselwang (Ruine Nesselburg), Pfronten (Falkenstein) und Sulzberg (Ruine Sulzberg). Die Mindelburg bei Memmingen hat eher Schloßcharakter (Turmbesteigung kostenlos möglich).
Die Schlösser stammen alle aus Renaissance und Barock. Die prachtvollste Residenz ist eine geistliche: die der Fürstäbte von Kempten. Kaum weniger prächtig die waldburgischen Schlösser in Wolfegg (nur bei Konzerten zu besichtigen), Kißlegg und Leutkirch-Zeil (nur die Außenanlagen zugänglich; für Gruppen nach Voranmeldung eine Tonbildschau). In Füssen dient das Hohe Schloß als Gemäldegalerie und Konzertsaal. Schwangau hat die beiden Königsschlösser Neuschwanstein und Hohenschwangau. Die Schlösser in Grönenbach und Kronburg sind ebenfalls zu besichtigen.

Camping

In 26 Orten gibt es Campingplätze. Beim Tourismusverband (s. Adressen) ist ein Sonderprospekt erhältlich.

Essen und Trinken

Neben den im südlichen Bayern üblichen Speisen gibt es natürlich die vielfältige spezielle Allgäuer und Schwäbische Küche, die sich keinesfalls auf ›Kässpätzle‹, ›Krautkrapfen‹ und ›Schupfnudeln‹ beschränkt. Zum Braten werden zwar auch Knödel gereicht, doch sind ›Spätzle‹ die regionstypischere Beilage. Vor allem in den Allgäuer Kurorten wird zudem Vollwertkost geboten.
Im Allgäu gibt es viele leistungsfähige Brauereien. Schnaps wird vor allem im Obstgebiet um Lindau und Wangen gebrannt. Einheimischer Wein wird dagegen nur in Lindau und Umgebung angeboten.
Nicht vergessen sei natürlich das wichtigste Produkt, der Käse in seiner Vielfalt, wobei neben dem Emmentaler der äußerst haltbare ›Bergkäs‹ das Spitzenerzeugnis ist. In Wertach wurde die Sorte ›Weißlacker‹ erfunden. Etliche Hersteller bieten Vorführungen und Kostproben an.

Kirchen und Klöster

Das Allgäu ist reich an kunsthistorisch bedeutsamen sakralen Bauten, vorherrschend im Barockstil. Der Grund ist in den Zerstörungen während des Dreißigjährigen Krieges zu suchen, noch mehr aber in der Finanzkraft und barocken Baulust der großen Abteien Kempten und Ottobeuren sowie der Augsburger Fürstbischöfe.
Aus romanischer Zeit ist neben der kleinen Peterskirche in Lindau vor allem die Krypta der St.-Mang-Kirche in Füssen zu nennen. Die Gotik glänzt neben der St.-Martins-Kirche in Memmingen vor allem mit plastischer Kunst, die ihren Höhepunkt im Flügelaltar des Jörg Lederer in Kaufbeurens St.-Blasius-Kapelle findet.
Die bedeutendsten sakralen Barockbauten sind die ehemalige Stiftskirche St. Lorenz in Kempten und die gewaltige Basilika in Ottobeuren. Ein gutes Beispiel heutigen Kirchenbaus ist die Wallfahrtskapelle in Wigratzbad bei Hergatz.
Die Kunstschätze schildert ausführlich der HB Kunstführer Nr. 33 ›Allgäu‹.

Kuren

Ein Allgäuer hat in seiner Heimat seine ›Wasserkur‹ eingeführt: Pfarrer Sebastian Kneipp. Weltberühmt wurde dadurch Bad Wörishofen, doch sind auch Füssen-Bad Faulenbach, Grönenbach, Ottobeuren und Oy-Mittelberg Kneippkurorte. Oberstaufen ist die Hochburg der ›Schrothkur‹.
Heilquellen besitzen Füssen-Bad Faulenbach, Hindelang und Weiler-Simmerberg. Moor- und Physiotherapie gibt es in fast allen Kurorten. Heilklimatische Kurorte sind Hindelang-Bad Oberdorf, Isny, Oberstaufen, Oberstdorf, Scheidegg und Schwangau. Außerdem bietet das Allgäu noch 15 staatlich anerkannte Luftkurorte.

Museen und Sammlungen

Im Allgäu gibt es rund 60 Museen. Die Zahl ist ständig im Wachsen, da fast jede Gemeinde offenbar Wert darauf legt, wenigstens ein Museum vorzeigen zu können. Die meisten Museen haben in den letzten Jahren durch Neuaufstellung nach museumspädagogischen Gesichtspunkten an Qualität gewonnen. Einige besonders bedeutende: Buxheim (Deutsches Kartausen-Museum), Füssen (Galerie im Hohen Schloß), Kronburg-Illerbeuren (Schwäbisches Bauernhofmuseum), Kaufbeuren-Neugablonz (Sammlungen im Gablonzer Haus), Kempten (Archäologischer Park Cambodunum, Alpinmuseum), Kirchheim bei Mindelheim (Fuggerschloß), Lindau (Sammlungen im Cavazzen), Lindenberg (Hutmuseum), Ottobeuren (Reichsstiftmuseum), Weiler-Simmerberg (Westallgäuer Heimatmuseum). Ein Sonderprospekt mit allen Öffnungszeiten ist beim Tourismusverband erhältlich.

Radfahren

In vielen Orten gibt es Radwanderwege, Fahrradverleih und Karten. Über den Landesradwanderweg Donau-Bodensee informiert die Gebietsgemeinschaft Allgäu-Bodensee-Oberschwaben (siehe Adressen), hier auch Näheres über die Oberschwäbische Barockstraße.
Der Fahrradvermiet-Service ›Fahrrad am Bahnhof‹ der Deutschen Bahn AG bietet Bahnfahrern ermäßigte Mietpreise. Broschüren mit den Öffnungszeiten der Vermietbahnhöfe sowie Tourenvorschlägen bei den DB-Verkaufsstellen. Es gibt auch Besonderheiten: ›Radeln bergab‹ von Scheidegg ans Bodenseeufer, mit der Seilbahn (Rad wird mitgenommen) zum Pfänder bei Bregenz und von dort wieder bergab nach Scheidegg; auf der zum Radweg umgebauten Trasse des einstigen ›Legauer Bähnle‹ zum Bauernhofmuseum Illerbeuren und zurück. Sonderprospekt beim Tourismusverband.

Souvenirs

Urlaubs-Andenken kann man sich in manchen Ferienorten in Hobbykursen selbst herstellen. Eß- oder trinkbare ›Mitbringsel‹ sind Allgäuer Hartkäse (Emmentaler und Bergkäse) und Obstschnäpse. An vielen Orten werden Schnitzereien angeboten. Begehrt sind auch Trachten, echt oder in abgewandeltem Stil, dazu (Stroh-)Hüte aus Lindenberg.

tionen von A bis Z

Sport

Segeln und Surfen in Argenbühl, Bad Wörishofen, im Großraum Füssen/Schwangau, Immenstadt, Isny, Leutkirch, Lindau, Nesselwang, Oy-Mittelberg, Waltenhofen und Wertach. Wildwasserfahren in Nesselwang, Oberstaufen, Oberstdorf und Oy-Mittelberg. Auf 23 Reiterhöfen der Region wird auch Quartier angeboten (Sonderprospekt erhältlich beim Tourismusverband).
Die bedeutendsten Wintersportgebiete sind Immenstadt, Oberstaufen, der Raum Oberstdorf mit Kleinwalsertal, der Raum Pfronten mit Nesselwang sowie Oy-Mittelberg und Scheidegg.

Theater und Feste

Gastspiele im Allgäu gibt das Ensemble des Schwäbischen Landestheaters, das ein festes Haus in Memmingen hat; schöne Theatersäle haben Kempten und Lindau. Von den volkstümlichen Theatern ist vor allen Dingen Altusried mit dem ›Allgäuer Theaterkästle‹ (Oktober bis April) und den seit 1879 bestehenden Freilichtspielen zu nennen. Ein Freilichttheater gibt es auch auf der Burghalde in Kempten.
Viele Kurorte haben ein Konzertprogramm. Bedeutendste musikalische Veranstaltungen sind die ›Internationalen Festspiele Baden-Württemberg‹ auf Schloß Wolfegg sowie die Konzerte im Zedernsaal des Kirchheimer Fuggerschlosses bei Mindelheim.
Im Allgäu wird auch gern und oft gefeiert, die Fastnacht vor allem in Lindau. In vielen Orten des Allgäus wird am ersten Fastensonntag das ›Funkenfeuer‹ entzündet. Mitte Juli findet das große historische Tänzelfest in Kaufbeuren statt (ein Schulfest mit Ursprung im 16. Jh.), in Memmingen der Fischertag (alle fünf Jahre historischer Festzug) und das Kinderfest. In Mindelheim wird alle drei Jahre das Frundsbergfest veranstaltet, eines der größten historischen Feste in Bayern.
Kempten hat seine Allgäuer Festwoche, und in den Gebirgsorten geht es im September beim Viehscheid hoch her.

Unterkunft

Von exklusiven Luxushotels über urgemütliche und meist auch traditionsreiche Gasthöfe bis zum Matratzenlager einer Berghütte reicht die Quartierpalette.
Jugendherbergen gibt es in 87629 Füssen (Mariahilferstraße 5), 88316 Isny (Dekan-Marquart-Straße 18), 87437 Kempten (Saarlandstraße 1), 88131 Lindau (Herbergsweg 11), 87700 Memmingen (Kemptener Straße 42), 87561 Oberstdorf (Kornau Nr. 8), 87724 Ottobeuren (Faichtmayrstraße 38) und 88171 Weiler-Simmerberg (Kolpingstraße 12). Ein

ausführliches Verzeichnis hat das Deutsche Jugendherbergswerk, Postfach 1455, 32704 Detmold, Telefon 05231/74010, Telefax 05231/740167.

Verkehrsverbindungen

Das Allgäu ist auf den Autobahnen A 96 München–Lindau (im Ausbau) und A 7 Ulm–Füssen (Endstück im Bau) sowie auf den Bundesstraßen 12 und 18 (München–Lindau) zu erreichen. Von Lindau bis Füssen außerdem die Deutsche Alpenstraße, zum größten Teil gut ausgebaut.
Urlaubern, die mit der Bahn ins Allgäu reisen möchten, stehen die IC-, ICE- und IR-Linien der Deutschen Bahn AG zur Verfügung; sie verkehren im Ein- und Zwei-Stunden-Takt.
Direktzüge sind der InterRegio ›Alpenland‹ ab Hamburg-Altona über Hannover, Göttingen, Würzburg, der InterRegio 2603/2602 ab Berlin über Leipzig, Regensburg und der InterCity ›Nebelhorn‹ ab Münster über Duisburg, Köln, Mannheim und Stuttgart.
Innerhalb des Taktnetzes Allgäu-Bodensee-Oberschwaben bietet das Angebot ›Allgäu-Schwaben-Takt‹ der Bahn stündliche Zugverbindungen, und zwar täglich von morgens bis spät in die Nacht, werktags und an den Wochenenden. Über Spezialangebote für Urlauber informiert die Bahn an ihren Informationsschaltern.
Fahrräder können gegen Vorlage des Fahrscheins als Kuriergepäck aufgegeben werden. Auf diesen Strecken können während der Hauptsaison in Zügen des Nahverkehrs montags bis freitags Fahrräder kostenlos mitgenommen werden: Dietmannsried–Oberstaufen; Immenstadt–Oberstdorf; Kempten–Pfronten Steinach; Buchloe–Füssen; Blessenhofen–Kempten.
Ausflugs- und Linienschiffahrten gibt es von Frühjahr bis Herbst auf dem Forggensee bei Füssen und in Lindau auf dem Bodensee.

Wandern

›Wandern ohne Gepäck‹ kann man auf den neuen Tagesetappen des Oberallgäuer Rundwanderweges (Informationen vom Verkehrsamt in 87452 Altusried, Telefon 08373/7021).
Unter den zahlreichen Bergwanderwegen ist die ›Hörnertour‹ zwischen Bolsterlang und Blaichach (auch als Skitour) leicht und beliebt. Aus den vielen Hochgebirgswanderungen ragt die mehrtägige Oberstdorfer Route ›Über den Grat‹ heraus, deren Teilstück der gesicherte Klettersteig ›Heilbronner Weg‹ ist. Die Klettersteige um Oberstdorf sollten nur geübte, trittsichere und absolut schwindelfreie Bergwanderer begehen.

Zeichenerklärung Autoatlas

Verkehr

Autobahn mit Anschlußstelle fertig, im Bau, geplant, Tankstelle, Rasthaus	
Zweibahnige Autostraße fertig, im Bau, geplant	
Bundesstraße fertig, im Bau, geplant, mit Vorfahrt	
Hauptverbindungsstraße, Steigungen	
Bedarfsumleitung für den Autobahnverkehr	
Gute Ortsverbindungsstraße	
Unterhaltener Fahrweg Feld- u. Waldweg	
Eisenbahn mit Bahnhof außer Betrieb	
Zahnradbahn Seilschwebebahn Sessel- und Ski(schlepp)lift	
Kilometrierung zwischen Autobahnauffahrten	
Groß-, Kleinkilometrierung	
Für Kfz gesperrt, für Kfz gegen Gebühr	
Flughafen – Flugplatz – Segelflugplatz	

Touristische Anziehungspunkte

Wo gibt es was?-Hinweis	
Besonders sehenswert (Ort od. Bauwerk)	KEMPTEN
Sehenswert (Ort od. Bauwerk)	KAUFBEUREN
Landschaftlich schöne Strecke	
Burg, Schloß – Ruine	
Kloster – Ruine	
Sehenswerte Kirche – Kirche	
Schanze, Ringwall – Denkmal	
Kapelle – Forsthaus	
Aussichtsturm – Wasserturm	
Funk- oder Fernsehturm – Leuchtturm	
Wassermühle – Windmühle	
Höhle – Wildgehege	
Botanischer Garten – Zoologischer Garten	
Sonstige Sehenswürdigkeiten	* Schloß

Touristeneinrichtungen

Hotel, Restaurant – Motel	
Jugendherberge – Naturfreundehaus	
Touristenstraße	Schwäb. Bäderstr.
Campingplatz ganzjährig – nur im Sommer	
Parkplatz – Schutzhütte	
Strandbad – Schwimmbad	
Heilbad – Aussichtspunkt	
Naturpark – Naturschutzgebiet	Naturpark NSG

Sonstige Angaben

Bergwerk – außer Betrieb	
Stadion – Sportplatz	
Hervorragende Bäume	
Wald	
Kreisgrenze	
Staatsgrenze	
Grenzübergang	

Register

(Fettgedruckte Ziffern verweisen auf den Autoatlas)

Agathazell 69 (Sonthofen)
Altusried 29, 35, 36, 37, **38**, 39, 73
Amtzell 87 (Wangen im Allgäu)
Argenbühl **86**, 87
Augsburg 9, 25, 43
Baad 79 (Kleinwalsertal)
Bad Oberdorf 60, 61, 65, 67, 69 (Hindelang)
Bad Schachen 95 (Lindau am Bodensee)
Bad Wörishofen 17, 20, 21, 23, **26**, 27
Bad Wurzach 87 (Leutkirch)
Balderschwang 72, 73, **78**, 79
Berg am Starnberger See 13
Berg 43, 49 (Pfronten)
Berghofen 69 (Sonthofen)
Bernbeuren 15 (Lechbruck)
Biessenhofen 27 (Kaufbeuren)
Blaichach **68**, 69, 75, 97
Bolsterlang 69 (Blaichach), 72, 75, 79 (Fischen im Allgäu), 97
Breitengeren 79 (Oberstdorf)
Buchenberg 51, 57, **58**, 59
Buching 15 (Halblech)
Buchloe **26**, 27
Bühl am Alpsee 69 (Immenstadt im Allgäu)
Burgberg im Allgäu 69 (Sonthofen)
Buxheim 33, 35, **38**, 39
Christazhofen 87 (Argenbühl)
Diepolz 69 (Immenstadt im Allgäu)
Eglofs 87 (Argenbühl)
Einödsbach 73
Eisenharz 87 (Argenbühl)
Ellhofen 95 (Weiler-Simmerbach)
Falkenstein 43, 45, 49 (Pfronten)
Fischen im Allgäu 72, **78**, 79
Füssen im Allgäu 5, 6, 7, 8, 9, 11, 13, **14**, 15
Genhofen 69 (Oberstaufen)
Gestratz 95 (Röthenbach)
Grauchgau 15 (Halblech)
Grönenbach **38**, 39
Großholzleute 84
Grünenbach 90, 93, 95 (Röthenbach)
Gunzesried 5, 64, 65, 69 (Blaichach)
Halblech **14**, 15
Hall in Tirol 83
Heimenkirch **94**, 95
Hergatz 95 (Heimenkirch)
Hindelang 5, 61, 65, 67, **68**, 69
Hinterstein 66, 69 (Hindelang)
Hirschegg 79 (Kleinwalsertal)
Hohenschwangau, Schloß 10, 11, 15 (Schwangau)
Hopfen am See 10, 11
Illerbeuren 35, 37, 39 (Kronburg)
Immenstadt im Allgäu 61, 62, 63, **68**, 69
Irsee 24, 25, **26**, 27
Isny im Allgäu 5, 57, 81, 84, 85, **86**, 87
Jungholz 5, 40, 41, 45, 47, **48**, 49
Kappel 43, 49 (Pfronten)
Kaufbeuren 5, 16, 17, 22, 23, 25, **26**, 27
Kempten im Allgäu 5, 43, 50, 51, 52, 53, 54, 55, 57, **58**, 59
Kirchheim in Schwaben 18, 27 (Mindelheim)
Kißlegg 82, 85, **86**, 87
Kleinwalsertal 5, 70, 71, 76, 77, **78**, 79
Knechtenhofen 62, 69 (Oberstaufen)
Konstanzer 61, 65
Kranzegg 69 (Sonthofen)
Kronburg 35, 36, **38**, 39
Krugzell 39 (Altusried)
Lautrach 35, 39 (Kronburg)
Lechbruck **14**, 15
Legau 35, **38**, 39
Leupolz 87 (Wangen im Allgäu)
Leutkirch 81, 82, 83, 85, **86**, 87
Lindau am Bodensee 88, 89, 91, 92, 93, **94**, 95
Lindenberg 89, 91, 93, **94**, 95
Maierhöfen 95 (Röthenbach)
Maria Schnee 39 (Legau)
Maria Steinbach 37, 39 (Legau)
Maria Thann 95 (Heimenkirch)
Maria-Rain 49 (Oy-Mittelberg)
Marktoberdorf **14**, 15
Martinszell 59 (Waltenhofen)
Meckatz 95 (Heimenkirch)
Memmingen 5, 29, 30, 31, 32, 33, **38**, 39
Mindelheim 17, 18, 19, 21, **26**, 27
Mittelberg 76, 79 (Kleinwalsertal)
Nesselwang 44, 45, **48**, 49
Neugablonz 25, 27 (Kaufbeuren)
Neuschwanstein, Schloß 7, 10, 13, 15 (Schwangau)
Niedersonthofen 56, 57, 59 (Waltenhofen)

Oberbeuren 27 (Kaufbeuren)
Obergünzburg 24, **26**, 27
Obermaiselstein 73, 79 (Fischen im Allgäu)
Oberreute 90, **94**, 95
Oberstaufen 61, 63, 65, **68**, 69, 91
Oberstdorf 71, 73, 74, 75, **78**, 79
Ofterschwang 69 (Blaichach)
Opfenbach 95 (Heimenkirch)
Ottobeuren 28, 29, 34, 35, **38**, 39
Oy-Mittelberg 41, 44, 45, **48**, 49
Petersthal 49 (Oy-Mittelberg)
Pfronten 41, 42, 43, 45, **48**, 49
Ratzenried 87 (Argenbühl)
Ravensburg 85
Rentershofen 95 (Röthenbach)
Rettenberg 69 (Sonthofen)
Reutte in Tirol 43
Ried 43
Riezlern 76, 79 (Kleinwalsertal)
Rohrmoos 79 (Oberstdorf)
Roßhaupten **14**, 15
Röthenbach **94**, 95
Sameister 15 (Roßhaupten)
Scheffau 95 ((Scheidegg)
Scheidegg **94**, 95
Schlappold 79 (Oberstdorf)
Schwangau 10, 11, 12, 13, **14**, 15
Seeg **14**, 15
Sonthofen 61, 65, **68**, 69
Steinach 43, 49 (Pfronten)
Stephansried 21, 35, 39 (Ottobeuren)
Sulzberg 46, **48**, 49
Syrgenstein, Schloß 80, 81, 95 (Heimenkirch)
Thalkirchdorf 62, 69 (Oberstaufen)
Trauchgau 15 (Halblech)
Türkheim 23, **26**, 27
Unterwestegg 79 (Kleinwalsertal)
Waal 27 (Buchloe)
Waldburg 85, 87 (Wolfegg)
Waltenhofen **58**, 59
Wangen im Allgäu 5, 81, 84, 85, **86**, 87
Weiler-Simmerberg 89, 90 91, **94**, 95
Weitnau **58**, 59
Wengen 55, 57, 59 (Weitnau)
Wertach 41, 45, 46, 47, **48**, 49
Wiggensbach 56, **58**, 59
Wolfegg 81, 82, 83, 85, **86**, 87
Zeil 83, 85, 87 (Leutkirch)
Zell 69 (Oberstaufen)

Lieferbare Ausgaben

25 Bergisches Land
27 Venedig und Venetien
32 Kopenhagen
33 Kärnten
35 Toskana – Florenz
36 Niederbayern – Hallertau
38 Bornholm
39 Tirol – Innsbruck
40 Flandern – Antwerpen, Brügge, Gent
41 Trier
44 Kraichgau und Nördlicher Schwarzwald
45 Jütland
46 Hohenloher Land
47 Vorarlberg
51 Osnabrücker Land
53 Tessin
54 Wien*
55 Mittlerer Schwarzwald
57 Emilia-Romagna – Vom Apennin zur Adriaküste
58 Holstein – Herzogtum Lauenburg
59 Provence
60 München*
61 Teneriffa, Gran Canaria, La Palma, Gomera, Hierro, Fuerteventura, Lanzarote
62 Luxemburg
63 Hessisches Bergland
64 Fichtelgebirge – Frankenwald, Coburger Land
65 Frankfurt
66 Steiermark – Graz
67 Côte d'Azur – Monaco
68 Dänische Inseln – Seeland, Fünen, Lolland, Langeland, Falster
69 Nord- und Ostsee – Nordfriesland, Schleswiger Land
70 Bodensee – Oberschwaben
71 Stuttgart und das Neckarland
72 Zentral- und Ostschweiz – Zürich, Luzern, St. Gallen
73 Hannover – Braunschweiger Land
74 Italienische Riviera – Genua
75 Altmühltal
76 Chiemgau – Berchtesgadener Land
77 Emsland – Grafschaft Bentheim
78 Sachsen
79 London
81 Griechische Inseln: Kreta
82 Teutoburger Wald – Ostwestfalen
83 Costa del Sol – Andalusien
84 Oberbayern zwischen Lech und Inn
85 Korsika
86 Bayerischer Wald
88 Schwäbische Alb
89 Südtirol
90 Hunsrück – Naheland · Rheinhessen
91 Paris
92 Sizilien
93 Allgäu
94 Thüringen
95 Oberpfalz – Regensburg
96 Barcelona
97 Ostfriesland – Oldenburger Land
98 Westerwald – Taunus · Rheingau
99 Mecklenburg-Vorpommern
100 Salzburger Land – Salzburg
101 Lüneburger Heide
102 Die Loire
103 Köln
104 Rhodos – Dodekanes
105 Rom
106 Südnorwegen – Fjordland
107 Berlin
108 Bayerisch Schwaben – Augsburg · Nördlingen
109 Costa Brava – Katalonien
110 Sauerland
111 Brandenburg
112 Die Pfalz
113 Elsaß
114 Sachsen-Anhalt
115 Graubünden
116 Düsseldorf
117 Mallorca – Menorca · Ibiza · Formentera
118 Südschweden – Stockholm
119 Münsterland – Münster
120 Prag
121 Eifel – Aachen
122 Bretagne
123 Weserbergland
124 Südengland
125 Fränkische Schweiz
126 Gardasee – Trentino
127 Rhön
128 Malta
129 Harz
130 Algarve – Lissabon
131 Hamburg*
132 Normandie
133 Elbe und Weser – Nordseeküste
134 Madrid
135 Die Mosel
136 Sardinien
137 Mainfranken – Steigerwald · Haßberge
138 Budapest
139 Südschwarzwald
140 Griechische Inseln: Kykladen
141 Thüringer Wald
142 Oberitalienische Seen – Lombardei · Mailand
143 Odenwald – Kraichgau · Bergstraße
144 Schottland
145 Dresden – Sächsische Schweiz
146 Holland – Inseln · Küste · Amsterdam
147 Spessart
148 Danzig · Ostsee · Masuren
149 Rhein und Ruhr
150 Costa Blanca – Valencia · Alicante

* auch als englische Ausgabe erhältlich

Impressum

1. Auflage 1991
2., durchgesehene Auflage 1993
3., überarbeitete Auflage 1995

Verlag:
HB Verlags- und Vertriebs-Gesellschaft mbH,
Alsterufer 4, 20354 Hamburg,
Postfach 300660, 20347 Hamburg,
Telefon 040/4151-04, Telefax 040/4151-3231
Geschäftsführer:
Kurt Bortz, Dr. Joachim Dreyer, Eike Schmidt
© HB Verlags- und Vertriebs-Gesellschaft mbH,
1991, 1993, 1995 für den gesamten Inhalt, soweit nicht anders angegeben

Redaktion und Produktion:
Harksheider Verlagsgesellschaft mbH,
Fabersweg 1, 22848 Norderstedt,
Postfach 5249, 22822 Norderstedt,
Telefon 040/528862-0,
Telefax 040/5234056

Redaktion:
Ulrike Klugmann (verantwortlich)
Horst Keppler, Sonja Sayed

Text und Bildrecherche:
Werner A. Widmann, München
Exklusiv-Fotografie:
Herbert Neidhardt, Tettnang

Layout:
Rolf Bünermann, Gütersloh
Kartografie:
© RV Reise- und Verkehrsverlag, München und Stuttgart
© Kartografie: GeoData Geographische Datenbanken, Stuttgart

HB-Bildatlas Fotoservice:
Harksheider Verlagsgesellschaft mbH,
Postfach 5249, 22822 Norderstedt,
Telefon 040/528862-22,
Telefax 040/5234056

Für die Richtigkeit der in diesem HB-Bildatlas angegebenen Daten – Adressen, Öffnungszeiten, Telefonnummern usw. – kann der Verlag keine Garantie übernehmen. Nachdruck, auch auszugsweise, nur mit vorheriger Genehmigung des Verlages.
Erscheinungsweise: monatlich

Anzeigenalleinverkauf:
KV Kommunalverlag GmbH,
Postfach 810565, 81905 München,
Telefon 089/928096-24,
Telefax 089/928096-20,

Vertrieb Zeitschriftenhandel:
Partner Presse Vertrieb GmbH,
Postfach 810420, 70521 Stuttgart,
Telefon 0711/7252-210,
Telefax 0711/7252-375

Vertrieb Abonnement und Einzelhefte:
Zenit Pressevertrieb GmbH,
Postfach 810640, 70523 Stuttgart,
Telefon 0711/7252-198,
Telefax 0711/7252-333

Vertrieb Buchhandel:
Mairs Geographischer Verlag,
Marco-Polo-Zentrum, 73760 Ostfildern,
Telefon 0711/4502-0,
Telefax 0711/4502-340

Satz:
Utesch Satztechnik GmbH, Hamburg

Reproduktionen:
Otterbach Repro GmbH & Co., Rastatt

Druck und buchbinderische Verarbeitung:
VOD Vereinigte Offsetdruckereien,
Druckhaus Würzburg, Berner Straße 2,
97084 Würzburg
Printed in Germany
Gedruckt auf chlorfrei gebleichtem Papier

ISBN 3-616-06093-1

Titel:
Die Berglandschaft um den Seealpsee bei Oberstdorf

Anzeigen

FERIENLAND
Ostallgäu
SchlösserBerge Seen

Grüß Gott – so heißen wir unsere Gäste im Land der Berge, Schlösser und Seen willkommen. Wir bieten vielseitige Angebote für Urlaub, Kur und Erholung.
Tourismusverband Ostallgäu
Postfach 1255, 87610 Marktoberdorf
Tel. 0 83 42 / 91 13 13, Fax 91 15 11

*Entspannung – Erholung – Urlaub
am Fuße von Schloß Kronburg
Im neuen Gästehaus
ab Spätherbst 1995*

Wir bieten Ihnen: • Ferienwohnungen zwischen 50 und 75 qm, komfortabel eingerichtet, in großzügiger Gartenanlage mit herrlichem Alpenblick. Im Hause: Sauna und Solarium • Jagd- und Angelmöglichkeit
• Konzerte und Führungen im Schloß • Golf, Tennis, Naturfreibad, Loipen in der Umgebung
Familie von Vequel-Westernach • Burgstraße 1 • 87758 Kronburg • Tel. 0 83 94 / 2 71 • Fax 16 71

Gönnen Sie sich die schönsten Wochen des Jahres im

Landhaus Sommer am See

Unser Prospekt liegt für Sie bereit!

Weidachstr. 74, 87629 Füssen
0 83 62 / 91 47-0, Fax 91 47 14

Wellness
Hallenbad 28°
Saunalandschaft
Solarium
Massagen
Liegewiese mit Kneipptretbecken
Aufenthaltsraum mit Wintergarten

Berggasthof Kranzegg

87549 Rettenberg/Kranzegg
Tel. 0 83 27 / 2 70, Fax 0 83 27 / 78 70
Sie wohnen auf 1150 m direkt am Grünten, umgeben von Wäldern und Wiesen, in äußerst ruhiger Lage. Alle Zimmer mit DU/WC und Balkon. Frühstücksbuffet.
Schöner Kinderspielplatz. Höhenwanderwege.

Heilklima Hörnergruppe

Ein liebenswerter Erholungsort im Ostallgäu
Lechbruck am See

Radlspaß nach Maß auf über 150 km gut beschilderten Fahrradwegen.
Am besten gleich Prospekt anfordern!
Verkehrsamt der Gemeinde Lechbruck
Rathaus · 86983 Lechbruck
Telefon 0 88 62 / 85 21 · Telefax 0 88 62 / 75 16

Lechpark-Hallenbad Lechbruck Sauna Solarium Cafétaria ☎ 0 88 62 / 88 22
Sauna jeweils ab 14.00 Uhr (Sa und So ab 12.00 Uhr)
3 Innenbecken (auch für Kleinkinder) 29 °C · 1 Außenbecken

200 km Wanderwege, geführte Wanderungen. Freizeitbad mit 58-m-Wasserrutsche. Tennis, Reiten, Angeln, Golf. Sturmannshöhle Obermaiselstein. 110 km Skilanglaufloipen, Hörner-Skipaß für 27 Skilifte, Skischulen, Eisstock, Pferdekutschfahrten. Sportpark mit Hallentennis, Squash, Badminton, Golf Indoor Driving Range, Sauna und Solarium. Unterhaltung, Brauchtum, Konzerte. Kur: im Heilklimatischen Kurort Fischen sowie im Luftkurort Obermaiselstein.

Gästeinformation: Verkehrsämter
87538 Fischen i. Allgäu, Tel. (08326) 1815, Fax 9066
87527 Ofterschwang, Tel. (08321) 89019, Fax 89777
87538 Bolsterlang, Tel. (08326) 8314, Fax 9406
87538 Obermaiselstein, Tel. (08326) 277, Fax 9408
87538 Balderschwang, Tel. (08328) 1056, Fax 265

Grönenbach
Kneippkurort / Allgäu

Erholen
Kuren
Kneippen

Bei uns finden Sie heute noch ein Stückchen heile Welt, **F**itneß, Erholung, Gastlichkeit, Geselligkeit in unverbrauchter Natur ...**N**a, wie wär's?
...**F**reundliche Hotels, Gasthöfe und Sanatorien laden herzlich ein.
Info: Kurverwaltung, Postfach 1110,
87728 Grönenbach, Tel 0 83 34 / 77 11

Anzeigen

GESUNDHEIT VOM ERFINDER:
DIE ORIGINAL KNEIPP-KUR!

Kuren und Gesunden an der Wiege der Kneipp-Therapie – dort wo sich ländliche Idylle, medizinischer Fortschritt, Freizeit, Erholung und Unterhaltung ideal kombinieren. Bad Wörishofen, das moderne Heilbad der kurzen Wege, hat Ihr persönliches Wohlfühl-Paket bereits geschnürt. Fragen Sie am besten gleich danach.
Informationen: Städt. Kurdirektion, Postfach 14 43, 86817 Bad Wörishofen
Tel. 08247/969055 (-56), Fax: 08247/32323

KLASSE GRÜNS FÜR KURENDE GÄSTE:
GOLF IN BAD WÖRISHOFEN!

18-Loch-Meisterschaftsplatz. Gelegen in den idyllischen Wertachauen im Alpenvorland. Eine Herausforderung für jede Spielstärke. Golfunterricht auch für Anfänger.
Informationen: Golf-Club Bad Wörishofen e.V., Schlingener Str. 27, 86825 Bad Wörishofen
Tel. 08346/777, Fax: 08346/1616

Fühlen Sie sich einfach wohl und lassen Sie sich von uns verwöhnen. Im ganzen Hotel, im Restaurant, auf der Terrasse und im Bäderbereich sorgt das sympathische und fachkundige Sonnengarten-Team dafür, daß Sie sich rundum wohlfühlen. Und das zentral in Bad Wörishofen und dennoch mitten im Grünen.

Adolf-Scholz-Allee 5
86825 Bad Wörishofen
Telefon 0 82 47 - 30 90
Telefax 0 82 47 - 10 68

Allgäu ist...
Urlaub erleben

Liebe auf den ersten Blick
★ Kommen – Wohnen – Wohlfühlen ★

Bürk
Kurhotel • Pension
86825 Bad Wörishofen
Tel. 0 82 47 / 3 97-0
Fax: 0 82 47 / 3 97-56

GOLFANLAGE
ZU GUT LUDWIGSBERG

Augsburger Straße 51
86842 Türkheim/Bayern
Telefon (0 82 45) 33 22
Telefax (0 82 45) 37 89

Der freundliche Golfclub
mit dem sportlichen Ambiente

Die Golfanlage zu Gut Ludwigsberg, eine Anlage mit 27 Löchern, bestehend aus dem 18-Loch-Meisterschaftsplatz und einem 9-Loch-Kurzplatz, lädt Sie zu einem Golferlebnis ein! Nützen Sie die Vorteile, die ein junger Club bietet. Neue Freundschaften, gemeinsame Erfolge, Turniere in gepflegtem Rahmen, geselliges Beisammensein im schattigen Biergarten oder in den gemütlichen Clubräumen. Freundliche Fremdenzimmer im Kronenkeller und noble Suiten im dazugehörenden Hotel Villa Zollhaus laden zur Übernachtung ein. Wachsen Sie mit uns. Golf kann sich jeder leisten. **Informieren Sie sich über unsere äußerst günstigen Aufnahmebedingungen!** Unser Büro erteilt Ihnen gerne Auskunft! Unsere Golfschüler werden von englischen Pro's trainiert. Unterrichtsstunden können Sie direkt unter Telefon 0 82 45 / 39 34 buchen!

Kurhotel Restaurant

87474 Buchenberg, Eschacherstraße 35
Tel. 0 83 78 / 70 11, Fax 0 83 78 / 70 14
Das gemütliche Hotel in idyllischer Lage, direkt am Waldrand. 40 komfortable Zimmer mit DU/Bad/WC, Balkon, TV, Radio, Minibar. Physiotherapie. Alle Kassen. Sauna im Haus.

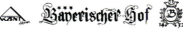

Füssener Str. 96, 87437 Kempten
Tel. 08 31 / 57 18-0, Fax 08 31 / 57 18-100
Alle Zimmer sind im anspruchsvollen ★★★★-Komfort ausgestattet. Weiterhin verfügt unser Haus über Sauna, Solarium, Fitneßraum, Bar, Terrasse, Lift, Tagungsraum und kostenlosen Fahrradverleih. HP kann in unserem Haus mit deutscher Küche oder im chinesischen Spezialitätenrestaurant eingenommen werden. Reichhaltiges Frühstücksbuffet im Wintergarten.

Bei aller Liebe zur Natur, immer kann man nicht draußen sein. In unserem Haus finden Sie Unterhaltung in der gemütlichen Hausbar und im Kaminzimmer, im Hallenbad, bei Tischtennis, in der Sauna und im Solarium.
Wir laden Sie ein in die „Schönheits-Alm", die Kosmetik- und Massageabteilung im Bergstätter Hof. Unsere Kosmetikerin und Masseurin sehen ihre Aufgabe als Berufung – so wie wir aus Überzeugung Gastgeber sind.
Es gibt vieles zu genießen: Die kultivierte Atmosphäre eines ganz persönlich geführten Hauses. Die herzliche Gastfreundschaft aller Mitarbeiter. Unsere sonnige Caféterrasse. Ein edel gedeckter Tisch- und unsere weithin bekannt exzellente Küche.
87509 Immenstadt – Knottenried
Tel.: 0 83 20 / 2 87, Fax: 0 83 20 / 12 51

Das Allgäu erleben!

... und zwar von seiner schönsten Seite. in den paradiesischen **ALPKÖNIGDÖRFERN**

Missen Wilhams

- verwöhnt von „Mutter Natur"
- abseits vom großen Verkehr und doch zentral für herrliche Ausflüge
- Wandern, Sport und Unterhaltung
- sehr schönes Erlebnisbad
- freundliche Gastgeberfamilien
- Urlaub auf den Bauernhof
- Top-Ferienwohnungen und -häuser in unseren idyllisch gelegenen Feriendörfern

Infos, Prospekte und Sonderarrangements:

VERKEHRSVEREIN MISSEN-WILHAMS
Hauptstraße 45
87547 Missen
Tel. (0 83 20) 4 56, 2 28
Fax (0 83 20) 2 68

Feriendorf Missen Sonnenhalde

Das anspruchsvolle Angebot für Individualisten: Urlaub im Landhaus. Ferienhäuser und -wohnungen, ideal für Familien, Terrasse, Liegewiese, Kinderspielplatz, Getränke-Service. Balkon, z. T. Kachelofen, Farbfernsehgerät, Telefon. Loipe und Wanderwege beginnen neben der Wohnung.

Telefon (0 83 20) 70 90
Fax (0 83 20) 70 91 00

Auch Reisen zu Sparpreisen

Allgäu ist... gut zum Ausspannen

HOTEL SONNENHOF
RESTAURANT-CAFE FAM. KETTERMANN

87466 Maria Rain / Post Oy-Mittelberg
Kirchweg 3, ☎ 0 83 61 / 39 17, Fax 39 73
Sehr ruhige Lage, Zimmer mit Du/WC/TV, Terrasse o. Balkon, Frühstücksbuffet, Halb- o. Vollpension. ÜF ab DM 42,-, HP ab DM 63,-. Urlaub im gemütl. u. freundl. Familienhotel. 960 m ü.d.M. inmitten einer idyll. Voralpenlandschaft gelegen. Herrl. Bergpanorama, vom Grünten bis zur Zugspitze. Rustikal einger. Gasträume, gutbürgerl. Küche, bay. Schmankerl, eig. Kondit.

HO-Modelleisenbahn-Schau

87480 Wengen im Allgäu
(B 12 Kempten-Isny)

70 m Modellbahntisch. Herrliche, naturgetreue Landschaft vom Meer bis zu den Alpen. UNVERGLEICHLICH IN EUROPA. ATTRAKTION: Start und Landung von beleuchteten Modellflugzeugen auf dem Flugplatz der Anlage (Bundespatent). ELEKTRONISCHER HIT: »Rhein in Flammen«, Feuerwerk am Modellhimmel, bengalische Uferbeleuchtung, Schiffsparade. Mitte März bis 1.11. täglich von 9.30 bis 18 Uhr. Im Winter Öffnungstage bitte tel. erfragen (0 83 75) 86 22

Schäffler Bräu

125 Jahre Brautradition im Herzen des Allgäus

Ob Sie mittags eine leckere Kleinigkeit auf die Schnelle suchen, nachmittags zur Brotzeit verweilen wollen oder sich am Abend kulinarisch verwöhnen lassen möchten.

In der gemütlichen Gaststube oder in unserem Biergarten finden Sie bei uns bestimmt das Richtige.

Wir empfehlen Ihnen auch unseren Festsaal für Veranstaltungen jeglicher Art.

Brauerei Schäffler
Hanspeter Graßl KG
87547 Missen/Allgäu
Tel. 0 83 20 / 2 17, Fax 3 94

Gästeamt, Gänsbühl 6
88299 Leutkirch
Tel. 0 75 61 / 8 71 54
Fax 0 75 61 / 8 71 86

Sehenswerte Altstadt,
Barock-Rathaus, Heimatmuseum,
Radwandern, Wandern.
Ein Besuch lohnt sich!

Lindenberg – die Bergstadt zum Erholen

Zwischen dem Bodensee und den Bergen lockt die Stadt im Grünen mit ihrer natürlichen, sonnigen Aussichtsterrasse.
Info: Städtisches Verkehrsamt
Im Rathaus, 88161 Lindenberg
Tel. 0 83 81 / 8 03 24, Fax 0 83 81 / 8 03 88

Verkehrsamt
Gemeinde 87448 Waltenhofen
Telefon: 0 83 03 / 79 - 0, Fax. -79 30

Anzeigen

Schwäbisches Bauernhofmuseum Illerbeuren
Das Freilichtmuseum für Bayerisch-Schwaben

Geöffnet von 1. März bis 30. November, montags (außer an Feiertagen) sowie Karfreitag geschlossen.
Öffnungszeiten: April bis 15. Okt. 9 bis 18 Uhr, März und 16. Okt. bis 30. Nov. 10 bis 16 Uhr

87758 Kronburg-Illerbeuren, Telefon 0 83 94 / 14 55

Die ehemalige Freie Reichsstadt lädt Sie ein zum

Bummeln – Verweilen – Erleben!

- historische Altstadt
- Schmuckzentrum Neugablonz
- zahlreiche historische Sehenswürdigkeiten
- vielfältige Einkaufs- und Einkehrmöglichkeiten
- idealer Ausgangspunkt für Ausflüge in die Umgebung

Wir organisieren gerne Stadtführungen und Rahmenprogramme für Sie!

Weitere Informationen erhalten Sie über den:
Verkehrsverein Kaufbeuren e. V. •
Kaiser-Max-Str. 1a • 87600 Kaufbeuren
Telefon: 0 83 41 / 4 04 05 • Fax: 0 83 41 / 7 39 62

Mitten in Bayerisch-Schwaben in abwechslungsreicher Landschaft bietet Ihnen unsere schöne Stadt vielseitige Möglichkeiten für einen erholsamen und attraktiven Aufenthalt.
Die Mindelburg – einst Heimstätte Georgs von Frundsberg –, bezaubernde Tore und Türme, bunte Giebel, kostbare Kirchen und Kapellen, freundliche Geschäfte in dichter Reihe…
– Charme der Vergangenheit und modernes Leben.
Dazu halten Heimatmuseum, Textilmuseum, Turmuhrenmuseum, Krippenmuseum und das Zweigmuseum der Prähistorischen Staatssammlung München einzigartige Sammlung bereit.
Regelmäßige Stadtführungen finden in den Sommermonaten von Mai bis Oktober statt. Außerordentliche Gruppenführungen sind jederzeit möglich.
Informationen:
Verkehrsbüro, Beim Rathaus, 87719 Mindelheim
Tel. 0 82 61 / 99 15-69, Fax 0 82 61 / 99 15-70
Museumsverwaltung, Hermelestr. 4, 87719 Mindelheim
Tel. und Fax 0 82 61 / 69 64

 **Mit der Natur auf Du und Du…**

Ihr gemütlicher Erholungsort inmitten zahlreicher Seen, Wiesen und Wälder.
Auskunft Verkehrsamt, 87672 Roßhaupten,
Tel. 0 83 67 / 3 64, Fax 0 83 67 / 12 67

Gasthof – Pension Adler
Bes. Fam. Sigl
87648 Aitrang/Allgäu
☎ 0 83 43 / 2 27 oder 12 94

Wo das Allgäu noch Allgäu ist.
In beschaulicher Voralpenlandschaft und trotzdem nahe den Zentren Füssen/Oberstdorf/Kempten.
Zimmer mit Dusche, Balkon, gute Küche.

RETTENBERG
Feriental zwischen Grünten und Rottachberg im Oberallgäu.

Großes Wanderwegenetz, beh. Freischwimmbad, Tennisplätze, Minigolf. Im Winter 13 Schlepplifte, 1 Sesselbahn, 40 km Loipen.

Info + Prospekte:

Verkehrsamt 87549 Rettenberg
Kranzeggerstraße 4, ☎ 08327/1209, Fax 7159

Kneippkuren
Leib und Seele als Einheit

Ausführliche Informationen über das Unterallgäu erhalten Sie kostenlos bei:
Tourist-Info Unterallgäu
Postfach 1362, 87713 Mindelheim
Tel. 0 82 61 / 9 95-2 35, Fax 9 95-3 33

das Kneippland

Allgäu ist… kultivierte Gastlichkeit

Urlaubs Traum Land

Inklusive Erlebnis & Komfort für Aktive und Genießer…

…im PanoramaHotelPark auf der Staiger Alp!

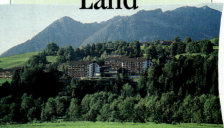

KomfortZimmer mit Alpenblick
Sechs Restaurants & Bars
BadeParadies & WellnessPark
Gesundheitszentrum
Ski & Wanderschule
SportClubAnimation
Galland & Gruber Kosmetikstudio
Junior & TwenClub
Kostenfreie Tiefgaragen

D-87527 Sonthofen · ☎ (08321) 279-0 · Fax 279-444

…und für Ihren Service 200 nette Mitarbeiter/innen

Kostenlos Farbinfo anfordern!

AllgäuSternHotel

Anzeigen

Zwei Häuser – ein Erlebnis

Zimmer und Suiten, Hallenbad, Sauna, Whirlpool, Fitneß

Zwischen Almwiesen und Gemsen
Die Schloßanger Alp auf 1130 mtr.

Ein Juwel für Natur- und Bergfreunde. Einmalig ruhig und mitten im Grünen. Essen und Trinken für verwöhnte Gaumen, Zimmer mit traumhaften Ambiente und jeglichem Komfort.

87459 Pfronten im Allgäu, Am Schloßanger 2, Telefon 0 83 63 / 3 81, Telefax 66 67

Wovon schon König Ludwig II. träumte
Das Burghotel auf dem Falkenstein auf 1277 mtr.

Es sind noch Logenplätze frei. Nicht immer aber immer wieder. Appartements mit Komfort. Allgäuer Küche. Die Tiroler Bergwelt zu Füßen.

87459 Pfronten im Allgäu, Auf dem Falkenstein 2, Telefon 0 83 63 / 3 09, Telefax 7 33 90

NESSELWANG
typisch Allgäu

Gästeinformation im Rathaus
Hauptstraße 18, 87484 Nesselwang
Telefon 0 83 61 / 92 30 40, Fax 92 30 44
IHR FAMILIENFERIEN- und LUFTKURORT im Ostallgäu
mit interessanten Wochenarrangements.
Fordern Sie unverbindlich Info's an.

Einfach Klasse!
Erholsamer und komfortabler Urlaub zu jeder Jahreszeit in familiär geführtem Komforthotel.
Katrin Krautheimer
Jupiterstr. 9, 87484 Nesselwang
Tel. 0 83 61-9 20 40, Fax 92 04 40

Gästeamt · Rathausplatz 1
87527 Sonthofen
Tel. 0 83 21 / 6 15 2 91 · Fax 0 83 21 / 6 15 2 93

Wildschütz
Hotel-Appartement-Pension ★★★
87491 Jungholz, Tel. 0 83 65 / 82 06, Fax 81 81

Besonders ruhig gelegenes Haus am sonnigen Südhang. Urgemütlich im alpenländischen Stil.
Ferienwohnungen für 2–6 Personen mit Wohn-Schlafraum, Küche, Dusche, WC, TV, Radio, Telefon, Tresor, Kachelofen.
Komfortable Zimmer mit HP und Südbalkon.
Reichhaltiges Unterhaltung und Sportprogramm.

Brauerei-Gasthof, Hotel Post
Fam. Meyer, Hauptstr. 25
87484 Nesselwang
Tel. 0 83 61 - 3 09 10, Fax 3 09 73

Liebenswertes Hotel mit sehr guter Ausstattung und langer Familientradition. Gemütliche Stuben mit Allgäu-Bayerischer Schmankerlküche. Bierspezialitäten aus familieneigener Post-Brauerei. Komfortzimmer mit Du, Bad, WC, Radio, Telefon, Farb-TV. Fordern Sie unseren Hausprospekt und Veranstaltungskalender an. Erlebniswochenende mit Bierseminar! Genußvolles Abnehmen mit Schlemmerkost.

Hotel-Restaurant Alpenhof
Fam. Jäger, D-87491 (A-6691) Jungholz
Tel. D-0 83 65 / 8114-0, Fax 0 83 65 / 82 0150
Tel. A-0 56 76 / 8114-0, Fax 0 56 76 / 82 0150

Das freundliche Familienhotel liegt im Herzen der Tiroler Enklave Jungholz; da der Ort nur über Deutschland zu erreichen ist, ist er wirtschaftlich der Bundesrepublik Deutschland angeschlossen. Daher gilt in Jungholz die DM-Währung. Unser Drei-Sterne-Hotel, im gemütlichen Tiroler Stil eingerichtet, bietet Ihnen 60 Betten, zum Teil in Familienzimmern für 2–4 Personen; alle Zimmer haben Dusche oder Bad/WC, Telefon, Farb-TV und größtenteils Balkon/Terrasse. Unser Restaurant (130 Sitzplätze) ist bekannt für seine regionale bis feine Küche. Hier kocht der Chef noch selbst!
Unsere verschiedenen Stübchen sind geeignet für Familienfeiern und Jubiläen. Konferenzraum für 25 Personen! Von unserer Café-Terrasse (70 Sitzplätze) haben Sie einen herrlichen Ausblick auf die Allgäuer und Tiroler Bergwelt bei hausgemachten Kuchen und Apfelstrudel. Sauna, Solarium, Whirlpool, Dampfbad, Fitneßraum, Hydrojet-Massagebett im Hause! Großer Parkplatz! Sommer- und Wintersport! (200 m zu den Skiliften mit Beschneiungsanlage) Wanderungen, Bergsteigen. Loipeneinstieg ab der Haustür. Wir empfehlen uns für Reisegruppen, Betriebsausflüge, Vereinsfahrten, Tagesausflüge, Kaffeefahrten und Kurzurlaube.

Restaurant – Café – Riesenschirmbar
Schrofen-Hütte
Die gemütliche Einkehr für Sommer und Winter oberhalb von Jungholz!

Familie Müller
D-87491
Jungholz 111
Tel. 0 83 65 / 82 12

• Gepflegte rustikale Galerie • Kinderfreundlich, großer Kinderspielplatz, abseits der Straße • Große Sonnenterrasse mit Riesenschirmbar direkt am Skilift • Reichhaltige Tages- und Abendkarte, ausgewählte Tiroler und Allgäuer Spezialitäten sowie VOLLWERTGERICHTE • Zünftige Hüttenabende • nahe gelegener Schrofenteich mit Rundweg • Mittwoch Ruhetag von Mai bis November • Sie können uns zu Fuß von der Ortsmitte aus, oder mit dem PKW, in wenigen Minuten erreichen
Auf Ihren Besuch freut sich Familie Müller

Zimmer im Gästehaus Müller · Tel. 08365/8131
»Urlaub auf dem Bauernhof«

Ihr Aufenthalt im Allgäu zu jeder Jahreszeit. Preiswertes Haus mit 60 Betten, 2 km außerhalb vom Ort. Genügend Parkplätze.
Ihrer Gesundheit zuliebe, die ideale Kombination: Langlauf im Winter – Loipe direkt am Haus – Wandern im Sommer – Sauna – Solarium – Schwimmen, modernes Hallenbad, Beckengröße 10 x 4,20 m, Gegenstrom- und Chlor-Ozon-Anlage. Alpine Skifahrer haben es zu den Skiliften nur 2 km weit, Abfahrten für Anfänger und Könner. Behagliche Gästezimmer, alle mit Bad, Dusche, WC und TV-SAT-Anschluß, Etagenlift. Gemütlicher Landgasthof mit dem Komfort eines guten Hotels.
Das gute Haus für Essen auf der Durchfahrt (Anmeldung erwünscht).
Autobahnende A 7 Nesselwang/Lachen 1,5 km.

Gasthof zum Löwen
Bes.: Elfriede und Herbert Unsinn
Lachen 1, D-87484 Nesselwang
Tel.: (0 83 61) 6 40, Fax: (0 83 61) 17 52

Das sonnige Bergdorf erwartet Sie:
Verkehrsamt 87491 Jungholz
Tel. 0 83 65 / 8120

viel mehr
... als nur ein Luftkurort in der Oberallgäuer Bilderbuchlandschaft

Anzeigen

ERLEBNISREICHER TÖPFERHOF MIT INTERESSANTEM EINBLICK IN DIE MANUFAKTUR

ALLGÄUER KERAMIK
MANUFAKTUR TÖPFERHOF

Öffnungszeiten Mo.–Fr. 9–18 Uhr, Sa. 8.30–12.30 Uhr
87527 Altstädten bei Sonthofen · Töpferweg 16

KUNSTVOLLE UND FEINE WOHN- UND TISCHKERAMIK MIT TRADITION

Hindelanger Keramik
FAYENCE-MANUFAKTUR

87541 Hindelang · Marktstraße 3
87561 Oberstdorf · Hauptstraße 7

Blaichach-Gunzesrieder Tal

Staatl. anerk. Erholungsort, 737–1754 m, Bahn, 5000 EW, 1300 Betten, ÜF ab DM 18,-. Das Gunzesrieder Hochtal mit seinem Hauptort Blaichach liegt mitten im Oberallgäu. Das Ferienparadies für die ganze Familie bietet: Sportbad, Wasserskilift, Tennisplätze, Reitstall mit Reitschule, Fahrradverleih, Wanderwege, Naturlehrpfad; Skilifte, Doppelsesselbahn, LL-Loipen, Skischulen, Skiverleih, Viehscheid.
Auskünfte: Gästeamt
Blaichach-Gunzesrieder Tal
Tel. (0 83 21) 80 08 36, Fax 2 64 81

PANORAMABAD Aquaria
...der Wasserspaß in Oberstaufen
Alpenstraße 5, 87534 Oberstaufen
Tel. 0 83 86 / 9 31 30, Fax 93 13-40
Öffnungszeiten: täglich von 9.30–21.30 Uhr

Großzügige Sauna-Anlagen mit Frischluftterrasse.

Gasthof Hirsch

87647 Unterthingau
Telefon (0 83 77) 3 61

Unser Gasthof liegt ideal und sehr verkehrsgünstig: es besteht direkter Anschluß an die A 7 und B 12. Gepflegte ländliche Gastlichkeit, großer Biergarten. Moderne Gästezimmer mit Dusche/WC, Telefon, TV. Viele Wanderwege, Tennisplätze, Schwimmbad, Kegelbahn.

Hotel Rosenstock

87538 Fischen im Allgäu
Tel. 0 83 26 / 18 95, Fax 0 83 26 / 96 76

Unser Hotel ist seit 40 Jahren in Familienbesitz und wird schnell Ihr Zuhause im Urlaub werden. Die Zimmer sind großzügig eingerichtet und in den Speise- und Aufenthaltsräumen umgibt Sie eine angenehme Atmosphäre. Eigenes Café mit gepflegter Gartenterrasse. Hallenbad (5x12 m) bei 30° Wassertemperatur, Sauna, Solarium. Große Liegewiese. Geräumiger Parkplatz. Langlaufloipe direkt am Haus. Informieren Sie sich. Wir schicken Ihnen gerne unseren Hausprospekt.
– Ihre Familie Karg –

Kur-Sporthotel Sonnenbichl mit Kneippsanatorium am Birkenhang

Familie Scheuerl, 87538 Fischen-Langenwang (Heilklimatischer Kurort, 3 km vor Oberstdorf im Oberallgäu), Postfach 1452/19, Tel. 0 83 26 / 9 94-0, Fax 9 94-1 80

Wohnen, genießen, sich wohlfühlen:
- behagliche, familiäre Atmosphäre
- komfortable Zimmer und Suiten
- gemütliches Restaurant, Wintergarten, Caféterrasse, Rauchfangbar, großzügige Aufenthaltsräume, Zithermusik, Modeschauen
- bekannt gute Küche mit heimischen und internationalen Spezialitäten
- großes Frühstücksbuffet, Menüauswahl bei HP und VP
- sonnige Liegewiese

Fitneß, Gesundheit, Schönheit:
- Hallenbad (54 m²), Sauna, Solarium, Tischtennis, hauseigener Tennisplatz
- moderne Bäderabteilung für sämtliche Kur- und Kneippanwendungen, beihilfefähig für alle Kassen
- Badearzt mit eigener Praxis und Labor im Hause
- Kosmetik- und Schönheitswochen oder -tage
Fordern Sie bitte unseren Video-Film und den Hotelprospekt an!

★★★ Alpengasthof-Hotel Ifenblick

gemütliches ★★★ Hotel komfortable Zimmer DU/WC, TV, Telefon, Balkon. Restaurant mit Panoramablick. Frühstücksbuffet mit Müsliecke, Halbpension mit Menuewahl. Hallenbad, Sauna, Kegelbahn. TOP-Pauschal-Angebot für Sommer und Winterferien. Heilfasten.

Gern schicken wir Ihnen unseren Prospekt.
Rufen Sie uns an oder schreiben Sie uns. Wir freuen uns auf Ihre Anfrage.
Sonja und Bernd Meyer
Alpengasthof-Hotel-Ifenblick
87538 Balderschwang
Telefon 0 83 28 / 10 14
Fax 0 83 28 / 3 28

Allgäu ist... Urlaub erleben

Oberstdorf Feriendorf

Touristik-Informationen
87561 Oberstdorf/Allgäu, Tel. 0 83 22 / 70 00
Fax 0 83 22 / 7 00-2 36, BTX #228955775#

Oberstdorf – Bergdorf
Im Bergdorf in sauberer Luft (Luftgütegrad I) erholen und die Wander-Vielfalt erleben.

Oberstdorf – Sportdorf
Im Sportdorf nach Lust und Laune radeln und Tennis spielen.

Oberstdorf – Kurdorf
Oberstdorf ist Heilklimatischer Kurort und Kneippkurort.

Alpen-Gasthof-Schwand (963 ü. M.)
87561 Oberstdorf im Allgäu
Tel. 0 83 22 / 50 81, Fax 0 83 22 / 23 40

Gemütl. u. komfortable Zimmer m. Du/WC, Balkon, Tel., TV. Komplett eingerichtete Appartements mit Balkon, TV. Frühstücksbuffet, Restaurant. Sauna, Solarium, Whirlpool, Fitneßraum.
Nähe Freibergsee und Skiflugschanze, 2 km Fellhornbahn gelegen.
Absolut ruhige, idyllische Lage (kein Durchgangsverkehr). Herrliche Südlage im romantischen Stillachtal 6 km von Oberstdorf.

Berggasthof Rohrmoos
87561 Oberstdorf 1 – Tiefenbach
Tel. 0 83 22 / 44 17, Fax 8 04 97
Alle Fremdenzimmer sind bäuerlich eingerichtet und mit jedem Komfort ausgestattet. Unsere gute Küche ist bekannt.
In der 500 Jahre alten Bauernstube können Sie frische Wildgerichte aus dem Rohrmoser Tal genießen!

Birgsau Alpengasthof GmbH, Familie Thaumiller, Birgsau 9
D-87561 Oberstdorf, Tel. 0 83 22 / 40 36, Fax 0 83 22 / 40 38

In einem der schönsten Seitentäler Oberstdorfs gelegen, mit einmaligem Blick auf den Allgäuer Hauptkamm. Bergtouren, Skifahren, Winterwandern in unvergleichlicher Landschaft. Komfortable Gästezimmer, teils im Appartementstil, Ferienwohnungen, Sauna, Kräuterdampfbad, Solarium.
Gepflegte Gastlichkeit in gemütlichen Räumen. Bitte fordern Sie unseren ausführlichen Hausprospekt an.

OASE-GLEITSCHIRMSCHULE PETER GEG

staatlich anerkannte Gleitschirmschule

Wir bieten ganzjährig:

* **Schnuppertage** – zum Kennenlernen
* **Grundausbildung** – international anerkannt
* **Doppelsitzerflüge** – Flugspaß für jedermann

Bitte kostenloses Infomaterial anfordern
Am Goldbach 22
D-87538 Obermaiselstein
Tel. 0 83 26 / 75 92
Fax 95 66

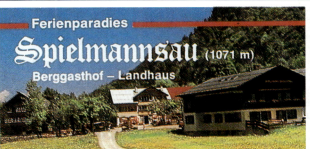
Ferienparadies Spielmannsau (1071 m) Berggasthof – Landhaus

Spezialität unserer Küche: Lammgerichte aus eig. biolog. Schafaufz., gutbürgerl. Küche. Zimmer mit Du/WC, Terrasse, Liegewiese, Spielplatz, Ponyreiten, TV, Tischtennis, Solarium, Langlaufloipen.

87561 Oberstdorf
Spielmannsau 12 b
Telefon (08322) 3015, Fax 8860

Himmlische Geschenke & Dekorationen

Koestel-Engel, Koestel-Christbaumschmuck, Koestel-Märchen- und Krippenfiguren und besondere Geschenke aus der Allgäuer Engelwerkstatt und dem ganzjährlich geöffneten

Isnyer Weihnachtsmarkt

Kommen Sie vorbei (30 km östlich vom Bodensee) oder verlangen Sie unsere Verkaufsunterlagen. (Schutzgebühr DEM 20,--, Rückerstattung mit Ihrer Bestellung) Versand in alle Welt.

Studio Koestel Design GmbH, Kornhausgasse 10, 88316 Isny im Allgäu
Tel. 0 75 62 / 45 73 und 34 34, Fax 0 75 62 / 40 83

Skifahren und Wandern im Kleinwalsertal

DIE 2 BERG-ERLEBNIS-BAHNEN IM KLEINWALSERTAL

Ohne Wartezeiten – auch bei Hochbetrieb – können Sie mit der leistungsfähigen Kanzelwandbahn in bequemen 6er-Kabinen sitzend, mit Erster-Klasse-Komfort, Fahrt und Aussicht genießen. Im Winter gemeinsame Tageskarte und »weißer Grenzverkehr« mit der Oberstdorfer Fellhornbahn.

KANZELWANDBAHN
KLEINWALSERTAL
WALMENDINGERHORNBAHN

Mit den Großkabinen schweben Sie zum 2000 m hoch gelegenen Aussichtsberg des Kleinwalsertals, dem Ausgangspunkt schöner Bergwanderungen. Im Winter das Skigebiet für Individualisten.

Gemütliche Berggaststätten mit Sonnenterrassen.

Weitere Informationen:
Kleinwalsertaler Bergbahn AG, D-87567 Riezlern,
Postfach 8, Telefon (0 83 29) 52 74 - 0

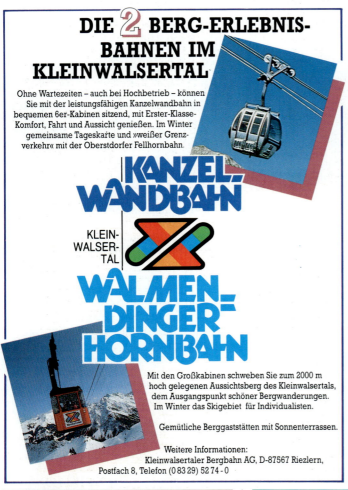

GÄSTEHAUS Sonnenhof

D-87569 /(A-6693) Mittelberg
Tel. D-0 83 29 / 57 85, Fax 0 83 29 / 35 17
Tel. A-0 55 17 / 57 85, Fax 0 55 17 / 35 17

Ruhige Sonnenhanglage, Sauna, Fitneß, Sonnenbank, Sonnenterrasse, Kaminstube. Behagliche, moderne Gästezimmer, Bad-Dusche/WC, SAT-TV, Safe, Selbstwähltelefon, Südbalkon oder Sonnenterrasse. Ferienwohnungen 2–5 Personen auch mit Hotelservice!

Am Gipfel der Gemütlichkeit!!!

Im „Walserhof" genießen Sie das persönliche Ambiente eines 4-Sterne-Hotels. Ihrer Erholung sind keine Grenzen gesetzt. Ein großzügiges Erlebnishallenbad mit Saunalandschaft, Solarium und Massagen. Neuartige Vital-Therapie gegen sämt. Erkrankungen des Bewegungsapparates wie Arthrose, Rheuma etc. sowie Tennisplatz und Liegewiese stehen zu Ihrer Verfügung.

Gerne senden wir Ihnen unseren Hausprospekt!
★★★★
Hotel Walserhof, D-87568 Hirschegg
Tel (0 83 29) 56 84, Fax 0 83 29 / 59 38

Gasthof-Hotel Steinbock

Das kleine, feine Familienhotel mit der persönlichen Atmosphäre. Der ideale Ausgangspunkt für Touren und Wanderungen. Skilifte und Loipe direkt am Haus.
Attraktive Wochenprogramme: Kräuterwandern mit der Chefin, Montainbike-Touren mit dem Chef.
Oder Urlaub einmal anders: wohnen Sie auf unserer Berghütte.
D-87569 Mittelberg/Kleinwalsertal
Tel.: D-0 83 29 / 50 33
Fax: D-0 83 29 / 3164

Kleinwalsertal (1000 m–1600 m)
Hotel Pension „MONTANA" ★★★★
Tel. 0 83 29 / 53 61, Fax 0 83 29 / 34 34
87567 Riezlern, Postfach 55

Zwischen Riezlern und Hirschegg (1100 m) in sonniger und ruhiger Hanglage im Talzentrum. Ferienaufenthalt mit Niveau, Qualität und hoher Gastlichkeit sind geboten.
Verlangen Sie den Hausprospekt.

Anzeigen